Inhalt

Vorwort 9

1. Teil: Sprung in die wirkliche Welt 11

Das Dasein ist anders, als wir es uns wünschen . . 12

Abgesprungen und angemotzt / Weiche Watte – harte Kanten / Was Rex Gildo nicht wusste / Teens – Absatzmarkt für Jeans? / Du bist / Du kannst / Du bist mehr, als du kannst / An deinem Wert kann niemand rütteln / Du bist geliebt / Lauter Geschenke / Bruchstelle Mensch / Wir haben etwas verloren / Das Problem ist gelöst / Der entscheidende Sprung

2. Teil: Lust – Wie groß ist unsere Freiheit? 49

Die Lust und ihr tiefer Sinn 50

Fettauge in magerer Suppe / Warum Essen und Trinken Spaß machen / Warum Sexualität schön ist / Warum wir gerne spielen

Die Übertreibung des Guten 59

Abwertung oder Aufwertung / Der Wahrheit läuft niemand davon / Verführung mit verdeckten Karten

Lustverzicht bringt Lustgewinn. 66
*Verzicht als Gewinn / Fröhlicher Generalverzicht /
Das Leben ist schön*

3. Teil: Müssen wir immer mit dem Strom schwimmen? 75

Du bist mehr als ein Tropfen im Strom 76
Wir sind in einen Strom geraten / Du bist einmalig

Dir droht Verflüssigung. 82
*Jeder ist einmalig / Viele werden zur Masse /
Der verwaltete Mensch / Der reduzierte Mensch / Der
vermarktete Mensch / Der gleichgeschaltete Mensch /
Der genormte Mensch*

In der Masse und doch kein Massenmensch . . . 96
*Strombett „Egoismus" / Das Gefälle überwinden /
Die Alternative*

4. Teil: Große Zumutung 103

Leben verlieren, um es zu finden. 104
*Protest gegen frommes Geschwafel / Es geht um alles /
Wer muss bestehen? / Ästhetische Lüge / Wo Steine
fliegen / Das Kreuz der Weltgeschichte / Einer von uns /
Hingabe des Lebens / Die große Zumutung*

5. Teil: Das feste Herz 129

Gnade kennt keine Flaute 130
*Alles wackelt / Niemand wird fertiggemacht / Da ist eine
Kraft / Beständige Brise / Nutze den Wind!*

*Für
Jan und Hanja,
Benjamin, Elisa-Maria und Julia,
Tobias und Sebastian,
Maren, Nena und Aaron,
Leo Felix,
Mira Sophie
und alle Urenkel, die noch kommen.
Ebenso in Gedenken an Viktoria,
die nur neun Tage unter uns war.*

Vorwort

Wer das erste Mal auf einen Windsurfer klettert, merkt es sofort: Das Ding wackelt total. Warum? Weil alles wackelt, was dazugehört: das Meer, das Brett, der Mensch *auf* dem Brett, der Mast, der Gabelbaum, das Segel.

Wenn du das Segel aber in den Wind hältst, wird die Sache fest und stark, so stark, dass du auf dem unruhigen Meer flotte Fahrt aufnimmst.

Unser Leben ist wie eine Fahrt mit dem Windsurfer. Was da alles wackelt!

Die Zukunft sei unsicher, hört man – also wacklig.

Du bist in der Schule nicht gut drauf – also wacklig.

Du weißt immer noch nicht, was du werden willst – auch wacklig.

Am wackligsten aber ist unser Herz.

Das ist ein Ding, auf das wenig Verlass ist, das wankt und schwankt, mal hierhin, mal dahin. Ich weiß es, hab ja selbst solch ein Herz.

Eigentlich müsste ich nun total schlecht drauf sein. Bin ich aber nicht.

In der Bibel steht nämlich ein toller Satz: *Es ist ein köstlich Ding, dass das Herz fest werde, welches geschieht durch Gnade* (Hebr 13,9).

Das gibt es also, das Herz kann fest werden! Wow!

Wie das geht?

Der uns geschaffen hat, hat uns einen Rückenwind geschickt, seinen Geist der Gnade. Durch den bin ich als Teenager zum Glauben an Jesus gekommen. Nun weht er in meinem Leben wie eine beständige Brise. Voran aber komme ich nur, wenn ich den Wind Gottes auch nutze und das Segel des Glaubens aufrichte.

Dieses Buch geht auf Vorträge zurück, die ich vor Jugendlichen und jungen Erwachsenen gehalten habe.

Klaus Eickhoff

1. Teil

Sprung in die wirkliche Welt

Das Dasein ist anders, als wir es uns wünschen

Abgesprungen und angemotzt
Wir waren Schulanfänger, alle sieben Jahre alt, außer Karl-Heinz, der war krank und schon zwölf.

Im Sommer gingen wir manchmal, wenn wir Sport hatten, ins nahegelegene Freibad. Da sollten wir schwimmen lernen.

Wie soll ich es nun sagen, ohne damit anzugeben? Aber es war doch wirklich so, dann darf ich es auch sagen. Also: In meiner Klasse war ich der Allererste, der schwimmen konnte. Wow! Die Klasse staunte Bauklötze. Und ich war sooo stolz. Vorher hatte ich eine etwas jämmerliche Kindheit in Waisenhäusern gehabt, und nun gafften sie und staunten. Das war so, so schön!

Ehrfürchtig, so fand ich wenigstens, waren sie zur Seite getreten, als ich aus dem Becken stieg. Irene, die Schöne, war auch dabei. Sie war etwas unendlich Feines, Sanftes, das lieblichste Geschöpf, das ich je gesehen hatte. Sie war zierlich, zart, machte sich nie schmutzig und sagte „bitte" und „danke", ohne rot zu werden. Irene war unsere Schönste. Sieben Jahre alt – ein Klasseweib.

Vielsagend hatte sie geschaut, als ich nach meinen ersten Schwimmzügen aus dem Becken geklettert kam. Ihr Blick hatte mehr versprochen, als Worte sagen können. Sicher war sie stolz, weil der, den sie heimlich verehrte, der Held des Tages war.

Das Leben ist voller Tücken und Widerwärtigkeiten. So geschah, was nie geschehen durfte: Mein Triumph, der einzige Schwimmer meiner Klasse zu sein, währte nur vierzehn Tage. Das war unerhört! Rudolf zog gleich. Dieser Schuft!

Wieder war die Schulklasse im Schwimmbad. Alles schaute jetzt auf Rudolf. Dass ich schwimmen konnte, daran hatte man sich gewöhnt. Aber nun war ein anderer der Star. Mein Tageswert sackte in den Keller, wie bei einem Börsencrash.

Unerträglich! Rudolf schwimmt – und alles gafft!

Ist denn kein Haifisch in der Nähe?

Nein, kein Haifisch in der Nähe.

Da tat Klaus (das bin ich) das Größte und Schwerste, das Tollste, was ein Siebenjähriger auf dieser Welt je getan hat. Das hat es auf unserem Planeten vorher noch nie gegeben. Seitdem ist die Welt nicht mehr, was sie einmal war.

Weißt du, was geschah?

Ich kletterte auf den Dreimeterturm! Stufe um Stufe!

Der Welt stand der Atem still. Mit jedem Schritt nach oben stieg mein Selbstwertgefühl. Dann war es so weit: Ich stand heldenhaft auf dem „Dreier", wie wir das Mordinstrument von Sprungbrett nannten. Sonne, Mond und Sterne verließen ihre Umlaufbahn und schauten zu. Alle Kreatur, Hase und Igel, die ganze Klasse und Irene, die Schöne.

Sie staunten, staunten.

Ich, der kühne Siebenjährige, stand vorn am Absprung.

Lässig schaute ich hinunter.

Da traf mich der Schlag. Das waren nicht drei Meter. Das waren gefühlte dreißig. Ich merkte, dass ich mich schrecklich geirrt hatte. „Schei..!", durchfuhr es mich. „Nichts wie umdrehen, zur Leiter und runter!"

Umdrehen? Zur Leiter? Und runter? Vor der ganzen Welt? Vor der Klasse? Vor Irene? Hat es je eine größere Kalamität gegeben?

Ich stand zwar auf einem Sprungbrett. In Wirklichkeit aber saß ich in der Falle: Vor mir gähnte die Tiefe. Das war der Tod. Die Leiter wäre ein Ausweg gewesen, aber rundherum spürte ich die Blicke der Welt. Jetzt einen Rückzieher zu machen wäre die tödlichste Blamage aller Zeiten – die tödlichste! Vor mir tödlicher Absprung. Hinter mir tödliche Blamage. Was sollte ich machen?

Die Blicke meiner Schulkameraden riefen stumm, aber gierig: „Los, worauf wartest du?" Ich hatte die Wahl: Tot – töter – am tötesten.

Ich wählte den Heldentod: drei Meter freier Fall.

Wenn man sieben Jahre alt ist, dauert das lange, bis man unten ankommt.

Hart knallten meine Fußsohlen auf das kalte Nass. Wenn ich mich recht erinnere, folgte ein Seebeben der Stärke zwölf auf der Richterskala. Ich tauchte einen, nein, hunderte von Metern tief. Danach brauchte ich eine halbe Ewigkeit, um wieder hochzukommen. Die Luft wurde knapp. Als ich gerade sterben wollte, tauchte ich auf. So erblickte ich zum zweiten Mal in meinem Leben das Licht der Welt.

Wunder aller Wunder, ich hatte überlebt. Mit hastigen Zügen schwamm ich an den Rand, stieg aus dem Becken und ließ mich bewundern. Alle fanden mich wieder toll. Wie recht sie hatten! Die Welt – durch Rudolf kurzweilig aus den Fugen geraten – war wieder im Lot.

Dann stand sie da, das Geschöpf aus einer anderen Welt: Irene!

Was würde sie tun? Was würde sie sagen?

Scheu streifte mich ihr Blick.

Mein Wert musste in ihren Augen unsagbar gestiegen sein. Ich ahnte es. „Klaus", würde sie flüstern, „Klaus, jetzt ist es entschieden. Wenn ich groß bin, werde ich dich heiraten und überhaupt und überhaupt …"

Langsam, wie zufällig begab ich mich in ihre Nähe. Fast schon spürte ich ihren Atem. Da hörte ich sie sagen:

„Du Spinner, gib nicht so an!"

Peng! So traf mich der Schlag.

Wie betäubt konnte ich keinen Gedanken fassen. Ich spürte, wie glutheiße Röte mein Gesicht verfärbte.

Hatte ich nicht Großes gewagt? War ich nicht auf heroische Weise zum Mittelpunkt der Welt geworden? Nun war ich in aller Bescheidenheit bereit, die Wertschätzung des Universums entgegenzunehmen. Und dann – wurde ich angemotzt.

Ausgerechnet von Irene.

Schmerz, lass nach! Schicksal, was hast du mir angetan? Ich hatte Größe gezeigt, war auf dem Höhepunkt meiner Kinderkarriere. Ausgerechnet da ereilte mich der Genickschlag. Nie mehr würde ich ein weibliches Wesen auch nur ansehen können.

Oh, Irene, was hätte aus uns werden können! Nun aber war das Band zwischen uns brutal zerrissen. Welten gerieten zwischen uns. Unsere Wege trennten sich. Dass das Leben so grausam sein kann, so verletzend, erniedrigend, zermalmend! Ich hatte es bis dahin nicht gewusst.

Und doch, und doch …

Verstanden habe ich das alles damals nicht. Eine leise Ahnung jedoch hatte mich gestreift. Ich hatte gemerkt, dass die Welt völlig anders war, als ich sie mir wünschte.

Viel später habe ich als Teenager noch manches Mal wie auf einem Sprungbrett gestanden.

Weiche Watte – harte Kanten

Als junger Mensch stehst du auf einem Sprungbrett, auf dem Sprungbrett in die Welt der Erwachsenen.

Die Welt, in der du landest, hat viele Farben und Facetten. Sie ist großartig und kleinkariert, schön und hässlich zugleich. In unseren Breitengraden genießen wir einen Wohlstand, den es in diesem Ausmaß noch nie gegeben hat und in vielen Teilen der Welt bis heute nicht gibt. In der Geschichte der Menschheit gab es noch nie eine derart reiche Erwachsenen- und Jugendgeneration, wie sie heute bei uns existiert. Was uns alles zur Verfügung steht, ist sagenhaft. Im Vergleich zu den Härten früherer Jahrhunderte leben wir heute in Zuckerwatte.

Zugleich aber hat die Welt, in der du gelandet bist, ziemlich harte Kanten. Manch einem haben sie blaue Flecken an der Seele beschert, Wunden und Brüche.

Vielleicht sehnst du dich danach, erwachsen zu werden. Bald bist du es oder wenigstens fast.

Kaum bist du in die Welt der Erwachsenen hineingesprungen, erkennst du die Tücken, die sie bietet. Nicht nur Erwachsene scheitern am Leben. Auch junge Leute sind davor nicht sicher.

Ich lebe in Österreich, dem Land mit einer der höchsten Jugendselbstmordraten der Welt. Niemand weiß genau, woher das kommt. Jedenfalls bewahrt ihre schöne Heimat die jungen Leute nicht vor schmerzlichem Scheitern. Ich bin auch in bettelarmen Ländern gewesen. In Manila habe ich mit Slumbewohnern Gespräche geführt. Sie sind im Vergleich zu uns elend dran. Aber im Slum haben sie keine Selbstmordprobleme. „Hier ist niemand allein", sagte mir ein alter, weiser Mann.

Das gab mir zu denken.

Die behüteten Zeiten zu Hause gehen zu Ende. Nicht, dass dich deine Eltern nicht mehr versorgen, aber du seilst dich nun von ihnen ab. Für viele junge Leute ist das die große Befreiung, für andere wie ein Sprung ins kalte Wasser (für die Eltern übrigens auch). Manchmal knirscht es im Miteinander von Vater und Mutter wie selten zuvor. Du findest deine alten Herrschaften unter Umständen unmöglich. Beruhige dich, das gibt sich wieder. Es kommt der Tag, da wirst du entdecken, dass sie so beknackt nun auch wieder nicht sind. Sie werden reifer und – du wirst es auch. Achte darauf, dass nicht allzu viel Porzellan zwischen euch zerschlagen wird. Irgendwann muss es nämlich wieder gekittet werden.

Der Absprung ist unausweichlich, aber er muss auf beiden Seiten nicht verletzend sein. Es wäre schön, wenn du später mit Vergnügen an deine Teenagerjahre denken kannst. Manche Erwachsene, die heute durch unsere Städte und Dörfer laufen, möchten ihre Teenagerzeit am liebsten vergessen, weil sie in Elternhaus oder Schule zu viel Mist gebaut haben. Einer sagte mir: „Nix mit *schöne Jugendzeit.*"

Gedanken an unangenehme Erlebnisse sind wie Nagetiere, Ratten oder Mäuse.

Vielleicht kommen dir schon Erinnerungen an miese Sachen, die etwas Nagendes an sich haben. Du verscheuchst die Gedanken, aber sie kommen wieder. Nagende Erinnerungen sollst du nicht verdrängen. Am besten ist es, wenn du mit einer Person, der du vertrauen kannst, über alles sprichst. Wenn du schuldig geworden bist oder etwas gutzumachen hast, entschuldige dich, mach es gut, wenn es geht. Es kommt darauf an, dass deine Seele frei atmen kann. Du brauchst ein befreites Gewissen.

Um dich zu entschuldigen, brauchst du Mut, innere Größe. Wenn du das aufbringst, wirst du erleben, dass du die Macht hast, durch wenige, schlichte, ehrliche Worte eine verfahrene Situation in eine „sonnenbeschienene Landschaft" zu verwandeln. Diese Macht zum Guten solltest du nutzen, heute und dein Leben lang.

Damals hatte das Erlebnis mit Irene an meiner Kinderseele genagt.

Heute lächele ich darüber. Wenn ich zurückdenke, ist mir, als habe das Leben mich damals eine zweifache Einsicht gelehrt.

Zum einen: *„Du bist nicht der Mittelpunkt der Welt."*

Das muss man erst einmal kapieren. Als wir Säuglinge waren, glaubten wir, dass sich die Welt allein um uns drehen müsse. Wir bekamen, was wir wollten und das sofort – zumindest unser Fläschchen.

Der zweite Teil der Einsicht: Auch wenn du vom Zehner einen dreifachen Salto rückwärts mit doppelter Schraube machst, dein Lebenswert steigt durch solche Superleistungen nicht. *„Dein Wert steigt nicht durch Leistung."*

Das zu erkennen tut weh, besonders wenn ich Großes zu leisten in der Lage bin und alle Welt deswegen vor Begeisterung Purzelbäume schlägt.

Versteh mich nicht falsch: Etwas zu leisten ist toll. Aber wer Großes leistet, ist dadurch nicht zwangsläufig auch am inneren Menschen groß geworden. Wir müssen begreifen, dass wir uns unseren eigenen Wert nicht selbst machen können.

Aber ist das nur schlecht? Verbirgt sich dahinter nicht eine große Befreiung?

Was Rex Gildo nicht wusste

In unserer Welt ist es so: Lässt unsere Leistungsfähigkeit nach, lässt meistens auch das Interesse an uns nach. Da war ein Schlagersänger, Rex Gildo, der nahm sich mit 63 Jahren das Leben, sprang aus dem Fenster. Freunde von ihm meinten, er habe nicht verkraftet, dass er als Schlagerstar langsam verblasste. Er konnte wohl die Tatsache, dass man sich seinen Wert nicht selbst machen kann, nicht akzeptieren.

Hat er denn nicht gewusst, dass es herrlich ist, sich seinen Wert nicht selbst machen zu müssen? Hat ihm denn niemand gesagt, dass jedem einmal der Atem ausgehen wird, wenn er sich immer nur selbst in Szene setzen muss? Das ist doch ein mörderischer Wettlauf, bei dem niemand gewinnt, sondern jeder verliert. Dabei wird uns wertvoll zu sein doch – geschenkt! Bei Licht betrachtet ist es eine tolle Angelegenheit, dass wir uns unseren eigenen Wert nicht selbst machen müssen.

Stell dir vor, du müsstest immer der Größte sein oder die Schönste, der Stärkste oder die Klügste. Stress, lass nach! Du kämst ja nie zur Ruhe. In jeder Verschnaufpause müsstest du Angst haben, dass dich gerade jetzt einer übertrumpft. Das hält keiner aus. Wir stünden permanent unter Druck. Ich finde, es ist eine Erleichterung, dass wir uns unseren Wert nicht selbst machen müssen.

Du bist ohne dein Zutun ein wertvoller Mensch. Das stimmt, auch wenn du dich zurzeit nicht so fühlst und irgendwelche Leute sagen, mit dir wäre nichts los. Glaub ihnen nicht. Sie haben keine Ahnung. Du bist jemand ganz Besonderes. Ich werde das noch begründen.

Nun aber aufgepasst. Kaum, dass du dich als wertvoll begreifst, musst du erkennen, dass es ganze Industrien gibt, die deinen Wert total anders verstehen. Ihnen geht es nicht um deinen Wert, sondern um deine Verwertbarkeit.

Teens – Absatzmarkt für Jeans?

Tief in dir spürst du, dass du einmalig bist. Was du da spürst, stimmt wirklich. Dich gibt es in diesem Kosmos kein zweites Mal. Du bist ein Original, besitzt einen unverwechselbaren Wert, selbst wenn du mit einer körperlichen Einschränkung leben solltest. Mit diesem Grundgefühl betrittst du nun als junger Mensch das Parkett der westlichen Gesellschaft.

Aber dann (du weißt es längst):

Wenn du in einen Laden gehst, wo es schicke Klamotten gibt, wirst du nett behandelt. Das stärkt dein Wertgefühl. Um die Ecke kannst du dich piercen lassen. Die Werbung sagt, dass du dann noch toller aussiehst, als du ohnehin schon bist. Im Laden wirst du erstklassig beraten. Sie schmeicheln dir. Das hast du gern. Gegenüber gibt es Jeans. Du hast zwar schon fünf zu Hause, aber eine neue wäre nicht schlecht. Schon stehst du vor der Riesenauswahl, und wieder sind irgendwelche Leute freundlich zu dir. Du weißt längst, dass sie es auf deine Kohle abgesehen haben und nur darum freundlich tun. Trotzdem fällst du darauf rein. Sie haben manche Jugendliche mit ihrer unterschwelligen Werbung so sehr im Griff, dass die so ziemlich alles nehmen würden, was man ihnen anbietet, wenn sie die nötige Knete hätten.

Was du da im Kleinen erlebst, ist groß angelegt. Es gibt Industriezweige, die sehen in jungen Menschen nur einen Absatzmarkt. Für die existierst du nicht als Mensch, sondern nur als Kunde, der Geld hat, das man ihm nehmen muss. Sie wollen absahnen. *Teens als Absatzmarkt für Jeans.* So sehr sie dir schmeicheln, so sehr schwindeln sie dich an. An dir *als Mensch* sind die Händler nicht interessiert.

Dann die Unterhaltungsindustrie. Sie macht Milliardenumsätze, kaum ein junger Mensch, der nicht auf sie hereinfällt. Lass dich nicht täuschen. Sie benutzen dich und deine Gefühle. Sie schalten dich mit Millionen deiner Altersgenossen gleich. Sie verschaffen Millionen jungen Leuten den gleichen Geschmack, das gleiche Lebensgefühl. Wenn sie dir sagen, du seiest etwas wert, haben auch sie ihren Umsatz, den du ihnen ermöglichst, im Kopf.

Es ist wahr, du bist etwas wert. Der Wert, den ich jedoch meine, liegt auf einer anderen Ebene.

Du bist

Jeder von uns hat sich selbst irgendwann zum ersten Mal wahrgenommen. Wir haben es vergessen, aber eines Tages haben wir gewusst oder gespürt: Ich *bin!*

Dann reifte die Erkenntnis: Ich bin *etwas Besonderes!*

Und dann: Ich bin etwas *wert!* So oder ähnlich werden Menschen sich ihrer selbst bewusst. Sie werden *selbstbewusst*. Aus einem gesunden Selbstbewusstsein ergibt sich das gute Selbstwertgefühl.

Wie kommt ein Mensch zum guten Selbstwertgefühl?

Entscheidend dafür ist, was ihm im Leben so alles widerfährt. Gehen wir einmal von einer guten Situation aus:

Es gab eine Zeit, da ging es uns gut. Wir waren geborgen im Leib unserer Mutter. Wir waren geliebt, gewollt, sehnlichst erwartet. Der Mutter und dem Vater waren wir, ehe wir geboren wurden, schon viel wert. Und – das weiß man heute – das haben wir im Mutterleib gemerkt. Tag für Tag haben wir uns etwas mehr empfangen. Unsere Gliedmaßen wuchsen uns zu, langsam, behutsam. Alles an uns bekamen wir geschenkt. Unsere Finger und Füße, unsere Augen und Ohren, unsere Haut, zarte Härchen, der Blutkreislauf, die Äderchen, Nerven, alles wuchs uns zu. Zugleich empfingen wir Wärme und Schutz, Nahrung und Luft, Zuwendung und Annahme. Wir haben es gefühlt, wenn die Mutter ihre Hand auf den Leib legte, um uns zu spüren. Und du hast es tief in deiner zarten Seele gemerkt: Ich werde geliebt!

Dann, nach der Geburt, empfingen wir wieder tausend Liebessignale.

So etwas kann sich niemand machen. Das kann uns nur widerfahren. Wir sprechen von einer Ur-Erfahrung. Wenn wir heute als Erwachsene darüber reden, wird uns immer noch warm ums Herz. Das muss toll gewesen sein. Unser Leben begann mit etwas sehr Schönem: mit Wärme, Geborgenheit, Zuwendung, Wertschätzung.

Du kannst

Irgendwann treten Unterscheidungen auf zwischen dem, was ein Mensch *ist,* und dem, was er *kann:* Eines Tages maltest du dein erstes Bild, ein paar Striche, ungelenk, für große Leute ein unverständliches Gekritzel. Die Mutter aber staunte Bauklötze: „So etwas Schönes! Toll, was du kannst!"

Es ist wichtig, dass die Mutter das sagt. Durch Anerkennung vermittelte sie dir, dass du nicht nur etwas Besonderes bist. *Du kannst auch etwas Besonderes!* Du bist ein Könner, eine Könnerin, ein wertvoller Mensch. So reifen wir dem Erwachsensein entgegen. Wenn alles einigermaßen normal zugeht, blühen Anerkennung und Lob – wie Blumen auf unserem Weg. Wir werden sicherer, selbstbewusster.

Ist dir schon einmal Folgendes aufgefallen? Dir gelingt viel mehr, wenn du gelobt wirst. Wenn wir angemotzt werden, gelingt uns weniger.

Anerkennung spornt zu guten Leistungen an. Etwas Gutes zu leisten ist schön. Erfolge stellen sich ein. Die wiederum machen Mut zu neuen Taten. Du lernst, etwas zu gestalten. Du beginnst, Schönes oder Brauchbares zu schaffen. Das Leben hat dir Talente mitgegeben. Die lernst du zu gebrauchen.

Entdecke deine Gaben, setze sie ein! Du wirst Spaß haben, wenn du etwas Praktisches oder einfach nur etwas Schönes schaffst. Du bist jemand, und du kannst etwas. Das ist toll! Entfalte dein Können, lass es reifen. Es ist, als würdest du bei der Schöpfung dieser Welt ein bisschen mitmischen. Der, der dich geschaffen hat, ist unser Schöpfer. Du darfst – wie er – schöpferisch sein. Das ist der Hammer!

Wir sind Ebenbilder unseres Schöpfers.

Du bist mehr, als du kannst

Die Unterscheidung zwischen dem, was du *bist*, und dem, was du *kannst*, hat eine Kehrseite. Wirst du *nur noch* nach dem beurteilt, was du kannst, erfährst du den ersten Stoß, der dich aus dem Paradies der Kindheit drängt.

Du betrittst das Land der Zwecke und Zwänge.

Die Erwachsenenwelt unterscheidet haargenau zwischen Könnern und Nichtkönnern, zwischen Erfolgreichen und Losern. Du wirst nicht nur nach dem beurteilt, was du bist, sondern nach dem, was du *kannst* (später leider auch nach dem, was du *hast*). Manchmal geht das schon im Kindergarten los: „Wer kann den besten Purzelbaum?" In der Schule geht es weiter, in der Lehre oder im Studium und besonders später im Beruf. Überall musst du dir deine Anerkennung erkämpfen, musst deinen Wert erarbeiten. Anerkennung wird dir auf einmal nicht mehr geschenkt. Du musst viel dafür tun. In der Berufswelt geht es nicht um deinen Wert, sondern – ich sagte es schon – um deine *Verwertbarkeit*.

Als habe eine böse Fee uns verhext, sind wir, die wir einmal Mittelpunkt waren, zu kleinen Rädchen am Rande eines riesigen Uhrwerks zusammengeschrumpft. Jedes Rädchen muss sich drehen, muss funktionieren, tick, tack. Wenn es nicht mehr mitkommt, wird es herausgenommen, ausgetauscht, weggeworfen. Es tickt eben nicht mehr richtig. Wer nicht funktioniert, kommt weg. Wir sind eine Wegwerfgesellschaft. Nicht nur Dinge werden weggeworfen, Menschen auch.

Natürlich merkst du das alles nicht so schnell. Du nimmst die Veränderung wahr und passt dich an, beginnst, den Leistungsgesetzen der Welt zu entsprechen. Du kriegst etwas zustande, wirst gelobt, bekommst deinen Lohn. Das ist einerseits gut. Ich wüsste auch keinen anderen Rat für dich, als fleißig zu sein und etwas Gutes zu schaffen. Als notorischer Faulenzer wirst du nämlich auch nicht glücklich.

Und doch: Irgendwann wirst du merken, dass die Gesetze der Leistungsgesellschaft eiskalt sein können. Sie erniedrigen dich, machen dir klar: *Du bist nur so viel wert, wie du leistest.*

Wie schnell ist ein bekannter Sportler weg vom Fenster, wenn er zu wenig Leistung bringt. Fußballtrainer werden gefeuert, wenn ihre Mannschaft in die Abstiegszone gerät. In anderen Berufen geht es ähnlich zu. Wer nicht richtig tickt, wird ausgewechselt. Im Leben eines jeden Menschen kommt aber einmal die Zeit, wo er nicht mehr richtig ticken *kann*, wo er nichts mehr zu leisten vermag.

Ist er dann wertlos geworden?

Auch dir wird es einmal so ergehen, dass du nichts mehr leisten kannst. Ist vermutlich noch lange hin, aber einmal ist es so weit. Bist du dann nichts mehr wert?

Du merkst, dass in der Leistungswelt der Erwachsenen etwas nicht stimmt. Einerseits ist es wahr: Etwas Gutes zu leisten ist schön. Andererseits ist es schlimm, wenn der Wert eines Menschen von seinen Leistungen abhängig gemacht wird. Vielleicht hast du Großeltern, die alt und gebrechlich sind. Sie können nichts mehr leisten. Sind sie darum nichts mehr wert?

Ich kenne Erwachsene, die im Stress zu ertrinken drohen, nur weil sie etwas darstellen wollen, weil sie sich selbst wertvoll machen möchten. Wenn sie dann alt sind und nichts mehr leisten können, haben sie lauter Komplexe oder reden dauernd von früher, weil sie da noch „funktionierten".

Ich habe einmal eine alte Bäuerin besucht, die mit Gicht im Lehnstuhl saß. Sie hatte ihr Leben lang schwer gearbeitet. Nun aber ging es nicht mehr.

„Was bin ich denn noch wert?", jammerte sie. „Ich kann ja nicht einmal mehr Kartoffeln schälen." Sie war also auch auf den schrecklichen Leim gegangen: „Wenn ich noch etwas leisten kann, wenigstens Kartoffeln schälen, dann bin ich etwas wert. Wenn es zum Schälen nicht mehr reicht, bin ich wertlos geworden."

Schreckliche Lebensauffassung! Findest du nicht?

Wie könnten wir solchen Leuten klar machen, dass sie trotz ihrer Schwachheit wertvoll sind, dass wir es sind, auch wenn wir versagt haben?

Da müsste etwas sein, das uns wertvoll macht, ob wir etwas leisten oder nicht.

An deinem Wert kann niemand rütteln
Wir sind unermesslich viel wert! Selbst wenn jemand so krank ist, dass er sein Leben lang nichts hat leisten können, ist er oder sie unaussprechlich wertvoll.

Ich habe das in meiner Kindheit und in den meisten Jahren meiner Jugendzeit nicht gewusst. Darum wollte ich mir und anderen auch gern meinen Wert durch tolle Leistungen beweisen. Dazu zählt mein Versuch auf dem Dreimeterbrett.

Irenes Genickschlag lautete: *Du Spinner, gib nicht so an.* Ich war sauer wie eine Essiggurke. So grausam das alles war und vielleicht auch so unangebracht (ein Siebenjähriger braucht eben Anerkennung), so lag doch etwas Wahres darin. Irene wird es selbst nicht gewusst haben. Manchmal aber sprechen Kinder, ohne es zu wissen, Wahrheiten aus. Was in ihren kindlichen Worten mitschwang, lautete: *Du hast es nicht nötig, dir deinen Wert selbst zu schaffen. Du bist nämlich längst wertvoll, ob du nun vom Dreier springst oder nicht.*

Natürlich habe ich heute Aufgaben zu erfüllen, muss etwas leisten. Mal ernte ich Anerkennung und freue mich. Mal ernte ich Kritik und ärgere mich. Aber unabhängig vom Leistungsdenken besitze ich einen Wert, der höher ist als alles, was ich leiste.

Da hat einer *für mich* etwas geleistet und – für *dich!* Daran kann die Weltgeschichte nicht rütteln. Dadurch haben wir Menschen einen Wert, den wir nicht ermessen können. Wir sind ohne unser Zutun kostbar geworden. Über deinem und meinem Leben liegt ein Glanz, ein Licht, etwas Wertvolles, das dich und mich kostbar macht. – Aber alles der Reihe nach.

Du bist geliebt

Vielleicht warst du schon einmal verliebt. Das ist schön, besonders dann, wenn die Liebe auf Gegenseitigkeit beruht. Wenn dich jemand liebt, wird deutlich, dass du ihm oder ihr etwas bedeutest. Da achtet dich jemand, da will dich jemand, da fragt jemand nach dir.

Geliebt zu werden wertet auf. Wenn wir dann noch merken, dass der, der uns liebt, ein prima Mensch ist, fühlen wir uns dadurch zusätzlich wertvoll gemacht. Je wundervoller der Typ, der uns liebt, umso aufgewerteter fühlen wir uns.

Der, der den Kosmos geschaffen hat, ist der Wundervollste von allen. Er hat die tiefsten und schönsten Gedanken über uns. Darum kann er Worte sagen, die kranke Menschen bis auf den Grund ihrer Seele gesund machen, Unglückliche glücklich, Traurige froh. Er hat die größten Taten unter uns Menschen getan. Er hat uns das Leben gegeben. Dass du da bist, hast du ihm zu verdanken.

Nun der Hammer: Er, der Größte und Schönste, der Herrlichste und Mächtigste, der Höchste und Gewaltigste liebt dich!

Als ich das für mich begriff, veränderte sich mein Leben. Aus einem Nagelbeißer mit Minderwertigkeitskomplexen wurde einer mit Selbstachtung und Selbstwertgefühl. Wenn der Schöpfer aller Welten mich liebt, muss ich mich nicht entschuldigen, dass es mich gibt.

Wir werden vom Herrn des Kosmos heiß geliebt. *Darum* sind wir so wertvoll. Solltest du irgendwann einmal gedacht haben, du wärst nichts wert, dann hat dir der Erzfeind des Lebens diesen Stuss ins Ohr geflüstert. Er möchte dich abwerten, billig machen, dir die Würde nehmen, dir ausreden, dass du vom Höchsten geliebt und darum wertvoll bist. Er ist darauf aus, uns abzuwerten, damit wir glauben, wir seien wertlos, und mit uns selbst wie mit etwas Wertlosem umgehen.

Es ist umgekehrt: Du bist vom Höchsten geliebt. Darum bist du wertvoll!

Bevor es uns gab, hat der Schöpfer für uns den Kosmos gemacht, die Milchstraßen und Sterne, aber auch die kleinen Atome, auf denen alles aufbaut, und die Moleküle. Er hat die Naturgesetze geschaffen, ohne die wir nicht leben könnten. Die Erde hat er gemacht, damit wir einen Ort haben, an dem wir existieren können. Er hat die Pflanzen und Früchte geschaffen, damit wir etwas zu essen haben. Ananas und Bananen schmecken nicht nur gut, sie sind auch gut. Sie sind gesund, und in ihnen schlummern Kräfte, die auf uns übergehen, wenn wir davon essen. Aufgrund dieser Kräfte leben wir, Tag für Tag.

Außerdem schuf unser Schöpfer die fossilen Brennstoffe. Erdöl und Kohle entstanden in der Erde, sodass wir bis in unsere Zeit genug Energie haben.

Die Erde, auf der wir wohnen, ist wie ein schöner Garten, in dem alles da ist, damit wir leben können. Nach dem der Garten fertig war und alles Nötige vorrätig, damit Menschen darin leben können, hat unser Schöpfer uns so gemacht, dass wir das alles entdecken, gebrauchen und genießen können.

Nun laufen wir in dem Garten herum und stellen fest, was es alles gibt. Alles, um leben zu können, war schon vor uns da. Wir mussten die Dinge nur noch sammeln oder erjagen, vermehren und zubereiten.

Damit es nun nicht gar zu langweilig für uns wird, hat uns unser Schöpfer unseren Geist gegeben. Mit dem können wir die vielen Dinge bedenken, erkennen, verstehen und dann bearbeiten.

Hier und da konnten wir aufgrund von Beobachtungen in der Natur etwas Schönes hinzuerfinden, zum Beispiel das Rad. Als wir darauf gekommen waren, dass etwas Rundes rollt, machte unsere technische Entwicklung einen riesigen Sprung nach vorn. Irgendwann erfanden wir die Zahnräder und manches mehr. Ohne den Verstand, den uns unser Erschaffer gegeben hat, wären wir auf so etwas nicht gekommen. Dass wir heute fliegen können, haben wir den Vögeln abgeschaut. Deren Beschaffenheit entspricht nämlich den Gesetzen der Aerodynamik, die der Schöpfer auch gemacht hat. So wurde uns im lebendigen Modell gezeigt, wie etwas sein muss, wenn es fliegen soll.

Der, der alles und damit auch uns geschaffen hat, ist der Wundervollste und Größte. Er ist liebevoll, vor- und fürsorglich. Und er hat dich und mich unendlich lieb.

Wir hatten vorhin gesagt: Durch die Liebe eines anderen werden wir aufgewertet. Je wundervoller der ist, der uns liebt, umso aufgewerteter fühlen wir uns.

Was meinst du, warum der, der uns geschaffen hat, so viel für uns getan hat? Er hat es getan, weil er uns schon geliebt hat, bevor es uns gab. Er hat sich uns ausgedacht. Einer, der davon etwas wusste, hat einmal gesagt: *Jeder Mensch ist ein Gedanke Gottes, der aus der Ewigkeit in die Zeit getreten ist.*

Wow! Ich bin ein Gottesgedanke!
Du auch!

Er hat dich unbedingt gewollt, und darum bist du jetzt da.

Er hat dich und mich und alle Menschen lieb. Er will in Ewigkeit nicht ohne uns sein. Seit ich das begriffen habe, weiß ich, was ich mit allen anderen Menschen wert bin. Die Liebe deines Schöpfers macht dich kostbar und gibt dir eine Würde wie nichts anderes auf der Welt. Das gilt auch dann noch, wenn du einmal nichts mehr leisten kannst. Es gilt, auch wenn wir alt und klapprig werden oder krank, wenn wir sterben und darüber hinaus. Dass der Höchste dich aus Liebe geschaffen hat, macht dich zu etwas Besonderem.

Ich war einmal in Paris. Den Louvre gibt es dort, die tolle Gemäldegalerie. Da habe ich die *Mona Lisa* gesehen. Sie ist wohl das berühmteste Gemälde der Welt, gemalt von Leonardo da Vinci. Wie sich das gehört, war ich auch richtig ergriffen. Nun las ich, dass es von der Mona Lisa viele naturgetreue Kopien gibt. Man könne den Unterschied zum Original kaum feststellen. Da dachte ich einen Moment lang: Dann müssten die Kopien ja genauso wertvoll sein wie die Originale.

Denkste! Die Kopien sind längst nicht so viel wert.

Weißt du, warum?

Sie stammen nicht aus der Hand des großen Meisters, sondern von begabten Unbekannten. Je größer der Künstler, umso wertvoller sein Werk.

Du und ich, wir sind keine Kopien, sondern Originale des allergrößten Künstlers. *Darum* sind wir so wertvoll.

Aber es kommt noch schöner.

Lauter Geschenke
Unser Schöpfer hat uns nicht nur geschaffen. Er hat uns nicht nur die Erde und alles, was darin ist, gegeben. Er hat uns nicht nur mit einem Verstand ausgestattet, durch den wir selbst schöpferisch sein können. Er hat uns in seiner Fürsorge so etwas wie *Spielregeln des Lebens* mitgegeben. Zehn Spielregeln sind es, Anweisungen, die uns helfen, unser Leben in guten Bahnen zu lenken und zu bewahren.

Stell dir vor, es gäbe keine Verkehrsregeln. Alles geriete durcheinander. Ich finde Regeln gut, weil es ohne sie ein völliges Durcheinander gäbe.

Ich spreche von den *Zehn Geboten*.

„Was ist das Christentum?", wurde ein kleiner Junge gefragt.

Er antwortete: „Christentum ist das, was man nicht darf."

Ich weiß, dass viele so denken. Sie bringen das mit den Zehn Geboten in Verbindung. Die beginnen zum größten Teil mit: „Du sollst nicht …!" Doch das ist nicht die einzige Übersetzungsmöglichkeit, besser übersetzt lauten die Gebote: „Du wirst (nicht) …!"

Gott ist kein Detektiv oder Polizist, der uns am liebsten zur Strecke bringen will. Er ist der große Befreier. So wie er das Volk Israel aus der Sklaverei in Ägypten befreite, so will er jeden Menschen aus der Sklaverei der Sünde befreien. Jesus lehrte uns, dass das Gesetz den Menschen ihre eigene Sündhaftigkeit zeigt, da wir alle aufgrund unserer Sünde an diesen Forderungen Gottes scheitern müssen. Erst durch Jesus, den Vollender des Gesetzes, wurde der Fluch des Gesetzes aufgehoben für alle Menschen, die seine Vergebung in Anspruch nehmen.

Dennoch bleiben die Gebote Gottes bestehen, sie sind wichtig und gut (nur verdienen wir uns durch das Befolgen eben nicht unsere Erlösung). Doch es sind keine reinen Forderungen, sondern sie stellen auch eine große Hilfe für uns dar, eine Richtschnur für unser Leben. Gott zeigt uns seine Liebe darin, dass er uns sagt, wie wir am besten mit ihm und mit anderen Menschen zusammenleben. Er macht damit deutlich: Ich, Gott, und du, Mensch, wir gehören jetzt zusammen. Und wenn wir zusammenbleiben, dann wird dein Leben folgendermaßen aussehen:

Du wirst keine anderen Götter haben.
Du wirst meinem Namen Ehre machen.
Du wirst dich nicht zu Tode hetzen.
Du wirst in deiner Familie ein
menschliches Leben finden.

Die Spielregeln Gottes sind gut und wichtiger als unsere Verkehrsregeln. Sie sind zwar unbedingte Gebote, aber gleichzeitig wie lauter Geschenke. Der, der uns gemacht hat, hat an alles gedacht! In der Bibel können wir die Regeln nachlesen. Die Zehn Gebote beginnen mit einem tollen Satz:

Ich bin der Herr, dein Gott.

Ich liebe dieses *Dein!* Da spricht er seine totale Zuneigung zu mir aus. Das *Dein* macht alles höchstpersönlich, freundschaftlich.

Es war etwa in der Zeit, als mir das mit Irene passierte. Ich lebte in einer schönen Siedlung in der Senne bei Bielefeld. Eines Tages war meine helle Kinderwelt verdunkelt. Zwei aus der Nachbarschaft wollten mich verprügeln: „Warte, wenn wir dich kriegen, dann kriegsten Arsch voll!", riefen sie über den Gartenzaun. Ich war sieben Jahre alt. Sie waren beide neun, das gibt zusammen 18. Sieben gegen 18, das ist nicht fair. Dann kam Helmut um die Ecke. Er war alleine schon 18 und hatte alles mitgekriegt. Helmut stellte sich neben mich, legte seine Hand auf meine Schulter und sagte laut, sodass es die anderen hören konnten:

„Klaus, du weißt ja, ich bin dein Freund!"

Junge, war das schön! Ich hatte einen großen Freund, einen Beschützer, und brauchte vor den beiden keinen Schiss mehr zu haben. Helmut und ich waren zusammen 25. Da hatten die Knallköppe keine Chance! Helmuts Freundschaftserklärung war Musik in meinen Ohren. Ich höre es heute noch: „Klaus, du weißt ja, ich bin dein Freund!"

„Ich bin der Herr, dein Gott!", das heißt auch: „Du weißt ja, ich bin dein Freund!" (Natürlich ist Gott kein „Kumpelfreund", aber ich will damit sagen, dass Gott uns unendlich liebt, dass er an unserer Seite ist, dass er uns beschützt und für uns kämpft.) Toll! Gleichzeitig heißt es: „Weil ich es gut mit dir meine, gebe ich dir jetzt zehn ‚Spielregeln', um dich zu schützen. Halte dich daran! Damit zeigst du deinen Respekt vor mir und wirst selbst in Frieden und geordnet leben."

Die Zehn Gebote sind lauter Liebesbeweise. Der Ewige schenkt uns die Erde und alles, was darauf ist. Dann schenkt er uns das Leben und nun auch noch die Weisungen für unser Leben, die unser Dasein schützen. Ein echter Freund!

Nun aber kommt das Schönste. Leider aber auch das Schrecklichste.

Bruchstelle Mensch

Die Fürsorge unseres Schöpfers zeigt, dass er uns sehr lieb hat. Aus Liebe hat er uns geschaffen. Aus Liebe hat er uns einen Platz im Universum gegeben. Diese Erde ist wie ein schöner Garten, in dem alles vorhanden ist, um gut leben zu können. So hatte ich gesagt. Und nun auch noch seine zehn Freiheiten, um uns zu schützen.

Vielleicht denkst du: Ist das wirklich alles so schön? Und wo kommen die vielen hungernden Menschen her, so viel Leid und Schmerz?

Mit dieser Frage berühren wir den wundesten Punkt im Universum. Die Bruchstelle der Welt sind leider wir Menschen. Wir sind nicht mehr so, wie unser Schöpfer uns gemeint hatte. Die Bibel spricht vom Abfall des Menschen von Gott. *Adam* heißt *Mensch*. Adam bin ich und du und alle anderen auch.

Aus dem Ebenbild Gottes ist ein Zerrbild geworden.

Ja, es gibt Schlimmes auf der Welt. Menschen tun der Natur Böses an! Wir tun uns selbst Böses an. Die Schrecklichkeiten haben einen Grund: Wir sind unserem Erschaffer nicht gefolgt. Wir haben ihm nicht geglaubt, dass er es mit seinen Weisungen gut mit uns meint. Wir haben uns für klüger gehalten als er und haben seine Gebote übertreten. Darum gibt es Kriege, im Großen wie im Kleinen. Würden wir ihn lieben und unseren Nächsten wie uns selbst, würden wir nicht töten. Nun aber sind wir ruhelos, reden und tun Böses. Weil wir nicht nach Gott und seinem Willen fragen, gibt es kaputte Ehen, Scheidungswaisen, Neid und Missgunst, Hass und Mord.

Wir Menschen sind die wundeste Stelle, die Bruchstelle dieser Welt.

Kann Gott uns überhaupt noch lieben?

Wir haben etwas verloren

Nun bist du vielleicht verwirrt. Eben hieß es noch, wir seien wertvoll, und nun sind wir die *Bruchstelle* dieser Welt?

Was stimmt denn nun? – Es stimmt beides!

Wir sind Kostbarkeiten unseres Schöpfers und Erhalters. Du kannst nicht hoch genug von dir denken. Mit einer Kostbarkeit geht man behutsam um. So etwas wirft man auch nicht weg. Das bewahrt man.

Nun glauben aber viele nicht an Gott. Mit dem Wegfall des Glaubens fällt auch das Wissen um den Wert des Menschen weg. So kommt es, dass viele meinen, ihr Leben und das Leben anderer sei nicht viel wert oder nur dann, wenn man viel leistet.

Wer so denkt, zettelt bedenkenlos einen Krieg an, in dem Menschen in Massen draufgehen, wenn er nur die Macht dazu hat. Das ist – wie man meint – nun alles nicht mehr schlimm. Die Leute sind ja angeblich nichts wert. Andere verschleudern ihr eigenes Leben. Sie greifen zu Drogen oder machen sonst etwas Schlimmes mit sich selbst. Es kommt nicht drauf an, wir sind ja nichts wert.

Der Unglaube hat die Menschheit auch an den Rand der ökologischen Selbstvernichtung gebracht. Gott hatte gesagt, wir sollten die Erde bebauen und bewahren. Das ist um Gottes und der Menschen willen wichtig. Wie sollen wir sonst überleben? Wenn uns aber der Unglaube weismacht, dass es Gott gar nicht gibt, fallen seine Worte für uns in den Sand. Wer kümmert sich schon um die Worte eines Gottes, der nicht existiert? So geht es mit der Menschheit bergab.

Noch im Untergang erweist sich, dass Gottes Wort wahr ist: Ohne Gott geht die Geschichte der Menschheit den Bach hinunter. Da ist nichts Bewahrendes mehr, weil man dem Bewahrer nicht folgenlos den Rücken kehren kann.

Unglaube ist nicht einfach eine beliebige Meinung, der man anhängen kann oder auch nicht. *Unglaube im Blick auf den Ewigen ist tödlich.* Unglaube bedeutet Abwertung des Menschen. Dagegen bedeutet der Glaube die größte Aufwertung aller, die ein menschliches Antlitz tragen.

Durch die Ablehnung Gottes hat sich die Menschheit selbst disqualifiziert. Unser Unglaube ist das größte Elend. Nicht die eine oder andere Untat ist das Problem, sondern der Unglaube, der die großen Probleme verursacht. Wir spüren, dass ein Fluch über den Völkern liegt. Das kommt aus diesem Misstrauen gegenüber Gott.

Religiös sind viele. Man kann jedoch religiös bis zum Stehkragen sein und doch von Unglauben zerfressen. Der Unglaube hat uns unter einen Fluch gestellt: Wir haben die Herrlichkeit und Heiligkeit, die Gott uns gegeben hat, verloren.

Dadurch haben wir nicht nur etwas verloren, dadurch sind wir verloren.

Das Problem ist gelöst
Unser Schöpfer ist heilig. Wir Menschen sind unheilig. Um das zu erkennen, müssen wir nicht religiös sein.

Dass wir unheilige Leute sind, ist wohl den meisten Wissenschaftlern, besonders den Psychologen und Soziologen, voll bewusst.

Es war in einer Großstadt. Buntes Treiben auf einem Markt. Ich sehe mich um, kaufe eine Kleinigkeit. Plötzlich der Aufschrei: „Polizei! Polizei!"

Eine Taschendiebin! Auf frischer Tat ertappt. Im Nu wird sie von einer aufgebrachten Menge umringt: „Ha!" – „Seht sie euch an!" – „Kommt auf den Markt und klaut!"

Die Volksseele kocht. Ich sehe das ängstliche Gesicht der Frau. „So was gehört verprügelt!", grölt einer. Ein Hauch von Lynchjustiz liegt in der Luft.

Psychologen lehren uns: Das, was uns am tiefsten gegen andere empört, ist das, worin wir selbst am meisten gefährdet sind. Wenn wir uns empören, empören wir uns in der Regel über uns selbst.

Von der „anständigen Gesellschaft" auf dem Markt hatte wohl jeder schon mal geklaut oder wenigstens den Wunsch danach verspürt.

Stell dir einmal vor, wir wären gegenseitig unsere Richter. Da käme keiner gut weg. Auf dem

Markt der Welt ereignen sich schreckliche Dinge. Wir Menschen sind unheilig. Wir passen nicht mit unserem Schöpfer zusammen.

Das bedeutet: Gott und Mensch sind für immer getrennt.

Eine Ewigkeit ohne Gott, das ist die *Hölle*.

Ewig ohne Geborgenheit, ohne Liebe, Freude, Schönheit – nicht auszudenken.

Der Wille Gottes aber ist, dass *niemand* in die Hölle kommt, sondern in den Himmel. Wir sind doch seine Menschen! Auch die Taschendiebin!

Was soll Gott machen?

Wir sind unheilig. Er ist heilig. Das passt nie zusammen. Weil er uns liebt, hat Gott ein Problem: „Wie kriege ich euch wieder heilig?"

Es gibt nur einen Weg. Er sendet seinen Sohn. Der nimmt die Schuld der Menschen auf sich, lädt sich alles Unheilige auf. „Christus ist für uns zur Sünde gemacht", staunt der Apostel. Jesus trägt alle unsere unheiligen Sachen der Menschen an das Kreuz der Weltgeschichte. Da werden sie festgenagelt, gerichtet. Jesus hat für uns den Rücken hingehalten. Als sie Jesus auspeitschten, hätten sie eigentlich mich auspeitschen müssen und dich auch, sie aber peitschen Gott aus.

Jesus hat gesagt: „Ich und der Vater sind eins" (Johannes 10,30).

Das andere ist dies: „Wer mein Wort hört und glaubt dem, der mich gesandt hat", sagt Jesus,

„der *hat* das ewige Leben und kommt nicht in das Gericht, sondern er ist vom Tode zum Leben hindurchgedrungen" (Johannes 5,24). Am Kreuz hat Gott das große Problem gelöst. Das ist unsere Erlösung.

Ich denke noch einmal an die Frau auf dem Marktplatz. Jesus wurde auch für sie von Gott zum Retter und Richter bestellt, damit sie im ewigen Gericht einen hat, der barmherzig mit ihr umgeht. Es kommt darauf an, dass wir uns ihm schon jetzt ausliefern und alles, was uns belastet, bei ihm loswerden.

Wir sind gut dran, weil wir alles loswerden können, was uns zerstört. So steht denn auch der Apostel mit Namen Paulus da und kann es nicht fassen:

„O welch eine Tiefe des Reichtums, beides, der Weisheit und der Erkenntnis Gottes! Wie unbegreiflich sind seine Gerichte und unerforschlich seine Wege!" (Römer 11,33).

Der entscheidende Sprung

Es ist lebensentscheidend, dass wir aus der Macht des Unglaubens heraustreten. Das kann man nämlich, durch den Schritt des Vertrauens zu Gott in die Macht des Glaubens gelangen! Damit stehst du vor dem wichtigsten Sprung deines Lebens.

„Kehrt um!" ist das große Wort, mit dem Jesus sein Wirken in unserer Welt begann. Dieser

Ruf ist bis heute in Kraft und wird es sein bis zur Vollendung der Welt. Spring in das Leben, das dir zugedacht ist. Das findest du nur bei Jesus.

Deine persönliche Umkehr kann und wird dir niemand abnehmen, keine gläubigen Eltern, keine Kirche, niemand.

Ich kenne einen Mann, der mit 40 Jahren Christ wurde. Er hatte lange gezögert, bis er den Sprung wagte. Nun ist er heilfroh. Nur eines tut ihm leid: dass er es nicht viel eher getan hat. Die Zeit ohne Jesus sieht er als verloren an.

Damit sage ich etwas, was dir vielleicht witzig vorkommt:

Wenn du Jesus schon jetzt – als junger Mensch – in dein Leben lässt, dann werden deine Kinder einen anderen Vater oder eine andere Mutter haben, als wenn du es nicht tust. Du wirst nicht fehlerlos sein, aber geborgen in Gott. Deinen zukünftigen Kindern und deinen Mitmenschen kannst du dann etwas von dieser Geborgenheit vermitteln. Wenn du ernsthaft Christ wirst, hast nicht nur *du* etwas davon, sondern die Menschen, die deinen Lebensweg kreuzen, auch.

Gib Jesus dein Leben! Du wirst – selbst wenn du durch schwere Tage gehen musst – dein Leben lang geborgen sein. „Fülle uns *früh* mit deiner Gnade, so wollen wir rühmen und fröhlich sein unser Leben lang." Das wusste schon Mose im Alten Testament, Psalm 90,14. Gott ist dein Leben lang hinter dir hergelaufen. Mach den Schritt auf ihn zu und lebe dein Leben mit dem lebendigen Gott!

Wie kannst du das anstellen?

Man kann ja nicht nur *über* Jesus reden, man kann auch *mit* ihm reden. Das solltest du jetzt tun. Ich kenne junge Leute, die haben es ihm einfach gesagt. Du kannst es auch. Du kannst mit ihm im Gebet reden. Sei gewiss, das hört er und nimmt es sehr ernst. Für dich gilt dann das wichtige Wort, das Jesus in Johannes 6,37 sagt:

„Wer zu mir kommt, den werde ich nicht hinausstoßen."

Eines ist nun noch wichtig: Du brauchst Gemeinschaft mit jungen Christen, die mit Jesus leben! Ich wünsche dir, dass du einen Kreis junger Christen findest. Danach solltest du ernsthaft suchen.

2. Teil

Lust – wie groß ist unsere Freiheit?

Die Lust und ihr tiefer Sinn

Fettauge in magerer Suppe

Vor meinem inneren Auge sehe ich eine Suppe in einem großen Topf. Die Suppe ist mager. Nur wenige Fettaugen schwimmen oben herum. Fettaugen haben es an sich, auf der Oberfläche zu haften. Sie dringen nicht in die Tiefe.

Ein Fettauge inmitten der mageren Suppe hat es mir angetan. Ich nehme es unter die Lupe. Es vergrößert sich. Um mehr zu erkennen, nehme ich ein Mikroskop. Ungeahntes tritt mir vor Augen. Da bewegt sich etwas. Kleine Gestalten sind es, viele kleine Gestalten. Sie triefen von Fett, weil sie im Fettauge leben. Um sie herum eine magere Suppe. Sie aber, diese Gestalten, halten es vor Fett kaum aus. Fettaugenlandschaft, Fettaugenland.

Hast du gewusst, dass wir in Mitteleuropa in einem Fettauge unser Dasein fristen? Um uns herum – magere Suppe. Millionen verhungern. Zwei Drittel der Menschen haben nicht, was sie zum Leben brauchen. Die Deutschen aber, ebenso die Österreicher und Schweizer, schwimmen im Fett.

Ich lebe in Österreich. In der Hauptstadt Wien wird jeden Tag so viel Brot vernichtet, dass die Bevölkerung der Stadt Graz am nächsten Tag davon leben könnte.

Ja, die Deutschen, die Österreicher und Schweizer schwimmen im Fett. Wir werden dadurch an der Oberfläche gehalten. Fett schwimmt oben.

Es ist schwer, mit dem Fett des Wohlstands fertigzuwerden.

Die, die ihr Dasein in mageren Verhältnissen fristen, leiden oft schreckliche Not, die wir nicht kennen. Dafür haben wir andere Probleme. Auch den Gestalten in den Fettaugen geht es nicht immer gut.

Uns plagen Fettaugenprobleme.

Die Fülle der Güter hat die Wohlstandsgesellschaft krank gemacht, auch viele junge Menschen. Überbordende Fülle kann Erdrückendes an sich haben. Man spricht von *erdrückender Fülle*. Erdrückt wird hier der Mensch, sein Innerstes, seine Persönlichkeit. Der Druck wirkt sich aus. Manche wissen gar nicht, dass sie überhaupt eine Persönlichkeit haben.

Wohlstand ist nicht schlecht. Ich bin dankbar für viele gute Dinge. Aber irgendwie scheinen wir mit den guten Dingen nicht richtig umzugehen. Wenn es so ist, sollten wir es lernen, aber richtig.

Die *Lust,* die die Dinge begehrt, ist nicht einfach böse. Es gilt jedoch, sie richtig einzuschätzen, damit sie uns nicht zerstört.

Darum soll es im Folgenden gehen, um das Gute an der Lust, aber auch um die Bedrohung unserer Freiheit und vor allem um den Gewinn echter Unabhängigkeit.

Warum Essen und Trinken Spaß machen
Lust macht das Leben schön. Sie ist Kraftquelle, Energiespender. Lustgewinn gehört zum Menschsein dazu.

Denk nur an einen schön gedeckten Tisch mit erlesenen Speisen und Getränken. Welch eine Lust, das zu sehen, davon zu essen! Weil uns die Lust am Essen und Trinken begeistert, haben wir das alles kultiviert. Jedes Volk hat seine Esskultur. Im Orient ist Essen fast eine heilige Handlung. Bei uns wird es auch hochgehalten. Mit Vergnügen gehen wir ins Restaurant, rutschen auf dem Stuhl herum, lassen uns die Speisekarte geben. Dann wird genüsslich ausgesucht. Wenn die Mahlzeit kommt, kunstvoll angerichtet, sagen alle: „Mmh!" – „Ah!" – „Toll!" – „Na, dann guten Appetit!" Wonniges Stöhnen. Ein Genuss! Zum Schluss wird noch Eis mit Sahne bestellt. „Man gönnt sich ja sonst nichts."

In der Lust am Essen liegt ein tiefer Sinn: Essen und Trinken sind, wie alle wissen, absolut notwendig. Es handelt sich um den *Elementartrieb*, der uns am Leben erhält. Hunger stellt sich ein, damit niemand vergisst, sich die erforderliche

Energie zuzuführen. „Essen und Trinken hält Leib und Seele zusammen", sagt der Volksmund. Das, was wir Hunger nennen, ist die Lust, die sich in Qual verwandelt und in Tod verkehrt, wenn sie nicht gestillt wird.

Unser Wort „Hunger" kommt aus dem gotischen „Hurus" und heißt dort Schmerz. Hunger ist nicht nur Voraussetzung für einen guten Appetit. Essen und Trinken sind für den Fortbestand der Menschheit notwendig. Darum ist die Nahrungsaufnahme nicht in unser Belieben gestellt. Würde Hunger keine Schmerzen bereiten, könnten wir möglicherweise wochenlang vergessen, etwas zu uns zu nehmen. Das bekäme uns schlecht.

Als Christ glaube ich, dass hinter allem unser Schöpfer steht. Das Buch der Bücher sagt, er sei der Liebhaber des Lebens. Dass der Trieb, der zur Erhaltung des Lebens entscheidend ist, mit Lustgewinn verbunden wurde, hat Gott gemacht. Essen und Trinken erhalten unser Leben. Das ist ein Naturgesetz. Damit es niemand missachtet, ist es sinnvollerweise an einen Trieb gebunden, an Lustgewinn.

Warum Sexualität schön ist
Sexualität ist zur *Weitergabe* des Lebens unerlässlich. Ebenfalls ein Naturgesetz! Was für Essen und Trinken gilt, gilt auch hier: Damit das

Naturgesetz nicht missachtet wird, ist es an einen Trieb gebunden, an die Lust.

In der Lust zur Sexualität liegt ein tiefer Sinn: Die Weltgeschichte pulsiert und lebt. Sie zieht seit Jahrtausenden über den Globus, führt Völker in die Höhe und reißt sie wieder in die Tiefe. Die Geschichte ist voller Freud und Leid, voller Tränen und Lachen, voller Weisheit und voller Dummheit, voller Größe und voller Niedrigkeit. Die Weltgeschichte ist durchwoben von Fragen und Antworten, voller Leben, voller Sterben. Wie ein Ozean ist sie unauslotbar tief, immer in Bewegung, immer Neues aus sich heraus setzend. Diese Weltgeschichte existiert – neben Essen und Trinken – auf Grund einer großen, starken Kraft: *Sexualität*.

Unsere Geschlechtlichkeit garantiert den Fortbestand der Geschichte. Weltgeschichte gibt es, weil es Lust zur Sexualität gibt. Musik, Malerei, Bildhauerei, Literatur, Theater, das alles gibt es, weil es Sexualität gibt. Sie ist die Kraft, die alles biologische Leben durch die Jahrhunderte und Jahrtausende trägt. So sinnvoll ist die Sexualität. Damit die Weitergabe des Lebens sichergestellt ist, ist Sexualität mit hoher Lust verbunden. Sie ist eine der schönsten und zugleich sinnvollsten Gaben, die uns anvertraut wurden. Der Geber dieser Gabe ruft seine Menschen nun aber auch in eine besondere Verantwortung. Falscher Umgang mit

Sexualität hat viel Zerstörung unter Menschen angerichtet.

Dennoch, Sexualität ist wunderschön. Darauf konnte nur einer kommen: unser Gott!

Warum wir gerne spielen
Neben Essen, Trinken und der Sexualität gibt es die Lust am *Spiel*. Wir sind hier ebenfalls mit einem Trieb ausgestattet. Entweder spielen wir selbst, z. B. Fußball, oder wir schauen begeistert zu, wiederum z. B. Fußball.

Kinder müssen spielen. Das ist die Größe der Kleinen: Sie können selbstvergessen in Traumwelten versinken. Ihr Spiel ist zweckfrei, und doch gewinnen sie dadurch sehr viel. Sie gewinnen Freuden, die ihnen das wirkliche Leben manchmal vorenthält. Im Spiel verarbeiten und bewältigen sie Konflikte. Verkrampfungen lösen sich. Sie schlüpfen in Rollen, verwandeln sich. Mutter und Kind sind sie plötzlich. Als unsere Judith einmal mit mir Vater und Kind spielen wollte, habe ich gesagt: „Das brauchen wir ja gar nicht zu spielen, das sind wir doch schon!" Da sagte sie: „Nein, ich bin der Vater, du bist das Kind."

Oder die Kinder verwandeln sich in ein Tier, schleichen als Löwe auf allen Vieren im Zimmer herum, brüllen, jaulen und miauen. Dann sind sie wieder kleine Architekten, Baumeister, Maurer. Bauklötze oder Legos sind ihr Material.

Stundenlang liegen kleine Burschen auf dem Teppich, kriechen im Geist in ihre kleinen Matchboxautos und brummen sich Fransen an den Mund. Ohne Motorgeräusche geht es nicht. Mädchen bemuttern ihre Puppen. Die werden trocken gelegt, bekommen das Fläschchen, werden ausgezogen und angezogen. Wenn die Puppe krank ist, wird sie gepflegt und geküsst, manchmal kriegt das Püppchen einen Klaps auf den Po.

(Ich weiß, jetzt habe ich ein altes Vorurteil bedient, manchmal ist es auch umgekehrt).

Das Kind verliert sich im Spiel. Weil man sich nach alter Weisheit gewinnt, wenn man sich an Gutem verliert, ist das spielende Kind auf dem besten Wege, zu sich selbst zu finden. So sinnvoll ist die Lust am Spiel. Ein Erwachsener, der noch spielen kann, legt dadurch inmitten stressiger Zeiten einen Miniurlaub ein.

Störe ein Kind möglichst nie, wenn es spielt. Du zerstörst oft mehr als einen schönen Traum. Unser Jüngster spielte als Fünfjähriger in seinem Zimmer. Motorähnliches Brummen drang durch die verschlossene Tür. Meine Frau sagte: „Wir wollen jetzt essen." Also ging ich, um ihm Bescheid zu sagen. Es bot sich ein bewegendes Bild: Der Kleine hatte ein Lego-Flugzeug gebastelt und ließ es, es in der Hand führend, brummend durch die Luft fliegen. Hingegeben schwebte er fast selbst durch den Raum. Nun kam ich hinein. Unentwegt seinen Flieger im Auge flehte er: „Vati, lass, es ist grad sooo schön!" Das rührte mich an. Sein Flugzeug war eine Klapperkiste. In seiner Fantasie aber war es ein toller Düsenjet. Klaus-André war der Pilot. Jetzt sollte er zum Essen kommen! Es wäre grausam gewesen, in dieser Minute darauf zu bestehen. Ich sagte darum leise: „Es gibt etwas zu essen!" Dann ging ich lautlos, musste ihm die Möglichkeit geben, die Strecke zu Ende zu fliegen, vernünftig zu landen und auszusteigen. Hätte ich ihn jetzt auf der Stelle gezwungen, aufzuhören, wäre es zu einem Crash gekommen.

Spielen ist sinnvoll und schön. Kinder haben große Lust dazu.

Wer ein Instrument spielt, weiß, wie sich durch das Musizieren Verkrampfungen lösen, wie man sich etwas von der Seele spielen kann. Der Lustgewinn durchs Spiel zählt zu den Schönheiten des Daseins.

Wir stehen vor einem Phänomen: So gut Lust ist, *wir können an ihr zugrunde gehen.* Lust ist gut. Wer jedoch zu viel davon will, zerstört sich selbst. Das ist nicht der Sinn der Lust. Im Gegenteil: Sie will zum Leben helfen. Will der Mensch jedoch mehr an Lust, als er verkraften kann, zerbricht er. Ein Porzellangefäß, in das man mehr Juwelen zwingt, als es fassen kann, zerspringt. Wie mit

Lustgewinn Leben erhalten und weitergegeben wird, so kann durch zu viel Lust Leben zerstört werden.

Lustgewinn ist sinnvoll und gut. Die Kehrseite aber darf nicht übersehen werden: Das Böse beginnt mit der Übertreibung des Guten.

Die Übertreibung des Guten

Aufwertung oder Abwertung
„Das Böse beginnt mit der Übertreibung des Guten", hat mir mal ein katholischer Priester gesagt. Das Böse zeigt sich selten in Reinkultur. Es mischt sich unter das Gute. Da übertreibt jemand das Gute, und keiner ahnt, dass damit Böses beginnt.

Einen Apfel am Tag zu essen ist gut. Aber *hundert* Äpfel? Du kommst ja vom Klo nicht mehr runter. Das hält keiner aus. Lust am Essen und Trinken? Herrlich, solange das verantwortliche Maß nicht überschritten wird. Zur Übertreibung aber gibt es in unserer Fettaugenlandschaft viele Gelegenheiten. Es gibt Fresssucht, oft seelisch bedingt. Andere leiden unter Trunksucht. Aus dem Suchen nach immer mehr ist Sucht geworden. Leib und Seele reagieren böse auf das Übertreiben des Guten. Der Mensch kann sich auf diese Weise zerstören.

Wir können von der Sexualität nicht hoch genug denken. Es gibt jedoch eine Übertreibung der Geschlechtlichkeit, die sie nicht erhöht, sondern erniedrigt, sie nicht ehrt, sondern schändet. Schnell ist die Grenze von tiefer Liebe zum flachen Egoismus überschritten.

Wer es nicht übt, der sexuellen Lust zu gebieten, auch zu widerstehen, wird zur wahren Liebe nicht fähig werden, somit auch nicht zur wirklichen Lust. Wo sexuelle Lust höher steht als der Mensch, wird das andere Geschlecht erniedrigt und zum Lustobjekt. *Das Böse beginnt auch hier mit der Übertreibung des Guten.*

In unserer Wohlstandswelt nimmt die Vergötzung der sexuellen Lust unmenschliche Formen an. Durch Reizüberflutung abgestumpft, müssen immer neue Abartigkeiten ausgedacht werden, um Sexualität attraktiv zu erhalten. Dadurch aber gewinnt sie nicht. Sie verliert.

Ähnlich ist es bei der Lust zum Spiel. Spielen ist sinnvoll und schön. Nun aber leben die Kinder unserer Breitengrade in einer Fettaugenlandschaft. Ein Meer an Spielzeug überflutet die Kinderzimmer. Wie sollen Kinderseelen das alles verkraften? Sie drohen durch die vielen schönen und unschönen Dinge der Spielzeugindustrie abzustumpfen. Und dann gibt es viele liebe Tanten. Sie meinen es ja sooo gut. Jede bringt zum Besuch etwas Tolles mit. Das Kinderzimmer gleicht einem überfüllten Spielzeugladen. Kaum gelingt es dem Kind, sich *einem* Spielzeug intensiv zuzuwenden. Es wird nervös, verliert die

Fähigkeit, sich mit *einer* Sache lange zu beschäftigen. Dass es sich später in der Schule schlecht konzentrieren kann, hat oft hier seine erste Ursache. Der Sprössling hat Ausdauer nie gelernt. Nach einer Viertelstunde ist die Spannung weg. Wenn er dann erwachsen ist, muss er nach 20 Minuten entweder eine rauchen oder Musik anmachen oder etwas essen. Mir sagte ein begabter Student, der sich mühselig durch sein Studium quälte: „Ich könnte, wenn ich wollte. Aber ich kann nicht mehr wollen."

Arm dran sind jene, die an Spielsucht erkrankt sind. Ich war einmal in Reno, der zweitgrößten Spielstadt der USA. Ein Heer von alten Menschen hockte an den Spielautomaten. Ein Einheimischer erzählte, dass manche Greise vor der Gamebox ihren Lebensabend verbringen. Ich verachte diese Menschen nicht. Oft ist es ihre Einsamkeit und das Gefühl, ein sinnloses Leben zu leben, das sie dahin treibt. Dieses Gefühl der Leere versuchen sie – im wahrsten Sinne des Wortes – zu überspielen. Wer nichts hat, was ihn aufwertet, hängt sich an das, was ihn abwertet.

Die Fettaugenlandschaft hat etwas Seelen Mordendes.

Ich war mal in Kalkutta, in Indien. Da unterhielt ich mich mit 17-jährigen indischen Christen. Was ich dort an ernsthafter, gereifter Persönlichkeit antraf, lässt sich in Europa selten erleben.

Damals dachte ich: Ihr hartes Leben hat sie zu Persönlichkeiten geschmiedet.

So wahr Lust etwas Gutes darstellt, so wahr endet das Anhimmeln der Lust in der Hölle der Lustlosigkeit. *Gehst du ständig auf die Lust los, wirst du garantiert lustlos.* Das Leben verliert seine Spannkraft und – macht keine Lust.

Der Wahrheit läuft niemand davon

Vor der Wahrheit können wir nicht weglaufen. Sie holt uns irgendwann ein. Was wahr ist, setzt sich durch, wenn nicht in guten Ergebnissen, dann in bösen Folgen. Mögen wir bestimmte Sachen belächeln – wenn sie wahr sind, bleiben sie wahr, auch wenn wir lächeln. Wir können gegen die Wahrheit abstimmen, und dennoch hat sie bei einer Wahlniederlage nicht verloren. Es kommt der Tag, an dem sie ihre Gültigkeit beweisen wird.

Die Bibel ist das Buch der Wahrheit. In ihr steht ein weltberühmter Satz:

„Im Schweiße deines Angesichtes sollst du dein Brot essen." (1. Mose 3,19)

„Brot essen" steht hier im weiteren Sinn für Lust. Lust ist an schweißtreibende Mühe gebunden. Ohne Mühe, Verantwortung und Selbstbeherrschung gibt es auf die Dauer keine Lust. Müheloser Lustgewinn stumpft ab. Das Leben wird langweilig. Wir verlieren, was wir gesucht hatten: gesunde Lebenslust.

Das aber ist ein erster Schritt zum Selbstmord. Der muss nicht immer körperlich vollzogen werden. Es gibt auch geistigen Selbstmord.

„Das Böse beginnt mit der Übertreibung des Guten." Zur Übertreibung werden wir in unserer Fettaugenlandschaft ständig genötigt. Zwang zur Lust.

Antoine de St. Exupery lässt den König einer Stadt sagen: „Ich verbiete den Kaufleuten, ihre Waren allzu sehr anzupreisen. Denn sie entwickeln sich schnell zu Schulmeistern und lehren dich etwas als Ziel, was seinem Wesen nach nur Mittel ist. Und da sie dich über den Weg täuschen, den du einschlagen musst, erniedrigen sie dich gar bald, denn wenn ihre Musik gemein ist, verfertigen sie dir eine gemeine Seele, damit sie ihre Ware bei dir anbringen können." *

Der Philosoph Feuerbach hat gesagt: „Der Mensch ist, was er isst."

Das erste „ist" kommt von „sein", das zweite von „essen". Was wir „essen", also an geistiger Nahrung zu uns nehmen, verwandelt uns in das, was in uns eindringt. Niemals kämst du auf die Idee, Dreck zu essen. Es gibt auch geistigen Dreck. Den solltest du deiner Seele nie zumuten.

Werde wach! Stehe innerlich dagegen auf. Sag „Nein!"

---

* Antoine de Saint-Exupéry: *Gesammelte Schriften*, Bd. 2: „Die Stadt in der Wüste", Deutscher Taschenbuch-Verlag, München 1978, S. 237

Verführung mit verdeckten Karten

Nun höre ich eine Gegenfrage: Muss man zur Lust überhaupt gezwungen werden? Tun wir das, wozu wir Lust haben, nicht freiwillig, ohne Zwang?

Einerseits ja! Lüste und Bedürfnisse werden aber auch geweckt. Ein verschleierter Zwang kommt nicht mit Macht, sondern mit List, nicht durch Gewalt, sondern durch *Verführung*. Unsere westliche Welt wimmelt von geheimen Verführern.

Verführer spielen mit verdeckten Karten.

Von offensichtlichen Gewalttätern kann man sich innerlich distanzieren. Verführer dagegen werden von ihren Opfern in der Regel geliebt, obwohl die Verführer ihnen Schaden zufügen, manchmal größeren Schaden, als der Gewalttäter es kann.

Pubertierende Kinder können gegen ihre Eltern hochgradig aggressiv sein. Sie hassen Vater und Mutter, weil diese vor bestimmten Verführungen oder Verführern warnen. Aber der Wahrheit laufen auch diese Kinder nicht davon.

Wer uns an die Lust verkaufen will, ist unser Feind, der in unserem Inneren leicht einen Verbündeten findet, die Neigung, dem Lustgefälle nachzugeben. Es ist so einfach, sich treiben zu lassen, wohin die Lust uns spült. Ich wähne mich frei zur Lust und merke nicht, dass meine „Freiheit" nichts anderes ist als die Kapitulation vor einem inneren Zwang. Freiheit beweise ich nicht, wenn ich nach dem Lustprinzip lebe. Lust ist doch mein inneres Gefälle. Es bedarf keiner Entscheidung, dem nachzugeben. Es bedarf keiner Willenskraft, dem Gefälle zu folgen. Der Willenlose treibt von selbst den Bach der Lust hinunter, armes Papierschiffchen.

Entscheidungsfreiheit und Willensfreiheit setzen ein, wo man gegen den Strom des eigenen Lustgefälles anschwimmt.

Um aber gegen den Strom des eigenen Lustgefälles anzuschwimmen, brauchen wir seelische Kraft. Die lässt sich gewinnen.

Lustverzicht bringt Lustgewinn

Verzicht als Gewinn
Wie können wir uns dem Lustprinzip, der Übertreibung des Guten, entziehen?

Die Wirtschaft hält uns ihre Angebote hin. Auf sie zu schimpfen bringt nichts. Nein, *wir* sind herausgefordert. Kritisch werden!

Die Frage heißt nicht: Lebe ich *lustgemäß*, sondern lebe ich *lebensgemäß*?

Wir müssen Ja sagen zu einer lebensgemäßen Lebensweise. Dieses Ja schließt ein Nein gegenüber dem bloßen Lustprinzip mit ein.

Wenn du darunter leidest, dass du zur Mühe keinen Bock hast, wenn du erkennst, dass du dem Lustprinzip echt verfallen bist, ist dir dennoch zu helfen. Ich möchte dir eine Medizin anbieten. Medizin schmeckt allerdings oft bitter. Kleine Kinder spucken sie gern wieder aus.

Das ist meine Arznei: *Lerne zu verzichten!* Lerne „nein!" zu sagen, wo es nötig ist. Die Wohlstandswelt ist aufdringlich und benebelnd. Du aber sei wach! Wenn du es noch nicht bist, kannst du es lernen.

Verzicht ist im Zeitalter der Zwänge ein besonderer Akt der Freiheit.

Kleine Übung: Verzichte einmal drei Tage lang auf den Fernseher oder den PC. Lies stattdessen ein gutes Buch oder hilf deiner Mutter. Klar, manche bekommen bei einem solchen Gedanken einen Herzinfarkt. Trotzdem, probier es doch einfach mal aus. Verzichte drei Tage lang darauf, Musik zu hören. Drück nicht auf den berühmten Knopf. Übe den Verzicht!

Geh einmal raus, in ein Feld oder einen Wald, wo du möglichst niemanden triffst. Sprich kein Wort, hör keine Musik. Sei still. Eine oder zwei Stunden lang. Das macht etwas in dir. Möglicherweise zeigt es dir, wir laut es schon in dir ist, wie abhängig du von den Medien bist. Vielleicht aber hörst du die leise Stimme, die dir sagt, dass dein Leben zu kostbar ist, als dass du es den Sturzbächen der Lust überlässt.

Mobilisiere deine Widerstandskraft gegen den Zwang zur Lust!

Wir alle, Erwachsene wie Teenager, unterliegen Gruppenzwängen. Man will der Norm entsprechen, passt sich gern dem Trend an, und sei er noch so unsinnig. Sei eine eigene Person und nicht nur Hering im Heringsschwarm!

In allen Lebensbereichen stehst du vor einer Entscheidung: Sag „ja!" zur Mühe, die das Dasein mit sich bringt. Entscheide dich für Sammlung und Konzentration als Lebenshaltung. Lass dich weder von innen noch von außen in die unselige Zerstreuung zwingen.

Stell dich entschlossen den Aufgaben, auch wenn sie schwierig sind! Der oder die Auszubildende lerne konzentriert für seinen oder ihren Beruf. Der Student, die Studentin, wende sich mit Hingabe den Studien zu. Geh beherzt an die Hürden des Lebens heran! Stell dich den Widerständen! Wenn du die Mühe nicht scheust, dann wirst du „Brot essen". Du wirst Lust am Leben gewinnen.

Fröhlicher Generalverzicht
Der Mensch sucht mit seiner Lust den Himmel auf Erden. Der, der uns schuf, hat den Himmel auf Erden aber nicht an die Lust geknüpft. Der Himmel ist für Zeit und Ewigkeit an den Schöpfer gebunden. Ihn gewinnen wir durch die große Lebensentscheidung, dass wir ihm unser Leben öffnen.

Essen und Trinken, Sexualität und Spiel dienen zur *Erhaltung* des Lebens, nicht zu seiner Erfüllung. Wir müssen lernen, dass die Erfüllung unseres Lebens nicht im Vergänglichen liegt. Sie liegt im Unvergänglichen, im Ewigen, in Gott.

Wer eine persönliche Beziehung zu Gott hat, vermag auch eine neue Beziehung zu allem Vergänglichen zu entwickeln, auch zur Lust und allem, was damit zusammenhängt. Wir können es eine „gesunde Beziehung zu allem Leiblichen" nennen, eine gesunde Beziehung zur Nahrung, zum anderen Geschlecht, zum Spiel. Wir tun nicht mehr einfach etwas, nur weil es uns Spaß macht, sondern wir fragen, ob das richtig und heilsam ist.

Jesus hat einen aufregenden Satz gesagt: „Wer sein Leben erhalten will, der wird's verlieren; wer aber sein Leben verliert um meinetwillen, der wird's finden" (Matthäus 16,25).

Denen, die leben wollen, wird zugemutet, das Leben um Jesu willen zu verlieren, um es dadurch zu finden? Wie sollen wir das verstehen?

Dann müsste Jesus ja das Leben sein.

Das hat er tatsächlich gesagt: *„Ich bin ... das Leben"* (Johannes 14,6).

Wenn das wahr ist, dann gibt es kein Leben an ihm vorbei.

Es ist wahr. Darum nennt die Schrift das irdische Leben *Bios*. Bios ist alles Irdische, das lebt. Großartig, in welch unermesslichen Formen dieses biologische Leben uns begegnet. Und doch: Es ist das Dasein, das den Keim des Todes in sich trägt. Bios hat den Namen „Leben" eigentlich nicht verdient. Bios ist Sterben auf Raten.

Es kommt aber nun alles darauf an, dass du *das* Leben gewinnst, das den Namen verdient, das *ewige* Leben. Weil Jesus *das Leben* ist, ist es entscheidend, ihn zu gewinnen, das schließt in sich, sich an ihn zu verlieren, wie Verliebte es tun. Jesus gewinne ich durch einen *Generalverzicht*.

Das nennt Jesus *glauben* oder *vertrauen*.

Jesus ruft uns, die wir nur biologisch existieren, zum ewigen Leben, zu sich selbst. Martin Luther nannte diesen Generalverzicht *Bekehrung*. Ich verzichte darauf, nach eigener Regie zu leben. Das mutet Gott uns zu. Generalverzicht heißt: Ich, der ich mich selbst regieren wollte, danke ab. Ich lege die Bestimmung über mein Leben in die Hände meines Schöpfers.

Dieser Lebensverzicht ist in Wahrheit *Lebensgewinn*. Der Generalverzicht, den er uns zumutet, unterstellt uns seinen guten Weisungen. Es geht um die Auslieferung meines Willens an den Willen des Höchsten.

„Dein Wille geschehe", bete ich manchmal. Ein schönes Gebet. Hier bete ich allerdings auch, dass mein Wille möglicherweise *nicht* geschehen soll. Ich bekunde, dass ich meinen Willen nicht gegen Gottes Willen durchsetzen möchte. Leider bin ich zu oft doch wieder wie ein störrischer Esel, der seinen Willen durchsetzt. Dann bin ich traurig über mich selbst, weiß aber auch vom Geheimnis der Vergebung.

Dennoch, ich möchte von Herzen, dass *sein* Wille geschieht, in meinem Leben und auf der ganzen Welt, weil mir Besseres nicht geschehen kann.

Gott will mich. Er liebt mich. Nicht ich habe ihm etwas zu geben, sondern er gibt sich mir. Vom Ja Gottes her gewinne ich wieder ein Ja zu mir selbst. Es ist ein anderes Ja als mein egoistisches Ja, das lebensverneinend war.

Das Leben ist schön
Der Generalverzicht hat mich nicht eingeengt, sondern befreit.

Ich habe das nicht immer gewusst. Als es mir in jungen Jahren aber klar wurde, dass ich mich Gott anvertrauen darf wie ein Kind dem Vater, kam eine tiefe Freude über mich, die Gewissheit, dem Ewigen zu gehören. Jesus hat mich festgehalten, mich durch Not und Trauer hindurchgetragen und mich, wenn ich Mist verzapft habe, dennoch nicht fallen gelassen.

Woher ich das weiß?

Er hat es gesagt: Niemand wird dich aus meiner Hand reißen! (Nach Johannes 10,28.)

Ich wünsche dir, dass auch du das erfährst!

Wer sich an den Geber verloren hat, muss sich nicht mehr an die Gaben verlieren. Sie sind hilfreich, wenn sie in Verantwortung genossen werden. Wir erkennen in allen Gaben den Geber. Darum werden wir sie achten, auch fröhlich genießen.

Das Wort Jesu vom „Leben gewinnen" ist nicht allein auf die spätere Ewigkeit gemünzt. Das

Tolle besteht darin, dass wir das ewige Leben *hier* schon haben. Die Gewissheit, dass mir jetzt schon das ewige Leben gegeben ist, strahlt auf meinen Alltag aus. Es lebt sich anders, wenn man sich in Gott für ewig geborgen weiß.

Wir hatten von dem Fettauge in der mageren Suppe gesprochen.

In Folge einer Ölkatastrophe ging ein schreckliches Bild um die Welt. Ein Ölteppich schwamm auf dem Meer. Ein Fettauge des Grauens. Öl ist gut. Das Gute aber kann, falsch angewendet, tödlich sein. Eine Wildente war in die fette Brühe geraten. Völlig entkräftet versuchte das arme Geschöpf herauszukommen. Großaufnahme. Das arme Wesen zappelte. Die Kraft nahm ab. Rettung war nicht in Sicht. Das schwere Fett hatte die Flügel gelähmt. Arme Ente. Sie ging unter, wurde hinabgezogen in den öligen Brei und ward nicht mehr gesehen.

In unseren Häusern, Dörfern und Städten leben Menschen, junge und alte, denen es vergleichsweise ähnlich ergeht. Sie scheinen ihrem geistigen Untergang geweiht.

Das muss aber nicht sein! Das darf nicht sein! Wir haben einen Gott, der uns aus allem, was uns in die Tiefe zieht, herausholen möchte. Jesus reicht uns die Hand. Wenn du dich zu schwach fühlst, sie zu ergreifen, lass es wenigstens zu, dass er *dich* ergreift! Gegen unseren Willen rettet er uns nämlich nicht.

Wie gerne wäre die Ente gerettet worden! Niemand war da, der sich ihrer erbarmt hätte, der Kameramann jedenfalls hat es nicht getan.

Wir sind besser dran. Weißt du, was der Name „Jesus" bedeutet?

„Jesus" heißt: „Gott rettet!" Sich retten zu lassen geschieht durch die Hinwendung zu ihm, und das nennt die Bibel „Umkehr".

Wenn du spürst, dass die Fettaugenlandschaft dich schon im Griff hat, brauchst du Hilfe. Darum hat Jesus die Gemeinde gegründet, damit wir zusammenhalten und uns untereinander helfen. Such dir eine Gemeinde, in der sich junge, von Jesus begeisterte Christen treffen!

Wenn du persönliche Hilfe brauchst, hab den Mut, einen Menschen deines Vertrauens anzusprechen! Es ist wichtig, jemandem sein Herz auszuschütten. Eine solche Person sollte mit Jesus ihren Weg gehen und reif genug sein, dir zu helfen. Diese Leute gibt es nicht in Massen, aber wenn du ernsthaft jemanden suchst, wirst du ihn auch finden.

3. Teil

Müssen wir immer mit dem Strom schwimmen?

Du bist mehr als ein Tropfen im Strom

Wir sind in einen Strom geraten
Stell dir vor, du stehst auf einer Brücke. Unter dir ein reißender Gebirgsfluss. Die Wassermassen wälzen sich zu Tal. Dein Blick findet keinen Halt. Dir wird schwindlig. Das Wasser fließt unaufhörlich, und zwar *bergab*.

Da wird dein Blick gefangen genommen: *Einzelne Tropfen spritzen hoch.*

Als wollten sie sich nicht mitreißen lassen, stemmen sie sich gegen den Strom. Sie wollen heraus. Sie lehnen sich auf. Ihnen passt die Richtung nicht. Dann aber fallen sie zurück, versinken in der Wassermasse.

Auch wir sind in einen Strom geraten, in den Strom der Menschenmasse, in dem der Einzelne sich leicht verliert, in dem er aufgeht wie ein Tropfen im Fluss. Dafür wird er getragen, muss sich über die Richtung keine Gedanken machen.

Wenn wir nur Tropfen sind, die um der Masse willen existieren, gibt es kein größeres Glück, als geschluckt zu werden, angepasst, mitgerissen. Dabei sein ist dann alles. Nur nicht aus dem Flussbett hüpfen. In der Spur bleiben, konform gehen, der Masse und ihrem Gefälle ergeben.

Aber sind wir wirklich nur Tropfen, die in der Masse aufzugehen haben?

Du bist einmalig

Im Winter verwandeln sich Millionen Tropfen, die vom Himmel fallen, in Schneeflocken. Keine auf der Welt gleicht einer anderen. Das ist unvorstellbar. Wie viele Schneeflocken fallen allein in einer Winternacht! Milliarden kunstvoller Miniaturen, und keine gleicht einer anderen. Kein Stein, kein Blatt am Baum, kein Grashalm ist dem anderen gleich. In der Tierwelt ist es ebenso. Kein Elefant gleicht dem anderen und keine Ameise einer anderen.

Und dann wir Menschen: In menschliche Gesichter zu sehen ist nie langweilig. Jedes ist anders. Jeder Mensch ist ein Original (selbst Zwillinge sind nicht hundertprozentig identisch). Die Welt ist voller Einmaligkeit, voller Individualität.

Schneeflocken, Steine oder Pflanzen wissen es nicht. Auch dem Elefant oder der Ameise ist es verborgen. Niemand weiß vom Geheimnis seiner Einmaligkeit. Sie sind alle etwas Besonderes, aber es ist ihnen nicht bekannt.

Der Mensch ist das einzige Wesen, das von seiner Einzigartigkeit weiß. Darum sprechen wir von ihm als vom *Individuum*. Individualitäten besitzt auch das Tier, Individuum zu sein ist dem Menschen vorbehalten.

„Individuum" – das Wort hat es in sich. Dividieren ist Teilen. In-dividieren heißt: nicht zu teilen. *In*-dividuum ist das Unteilbare, auch Unverwechselbare. Der Mensch ist das unteilbare Wesen. Cool, dass kein Geschöpf dem anderen gleicht! Wir leben in einer Welt voller Einmaligkeiten.

Woher ist diese Welt? Woher diese Fülle an Originalität, an Individualität? Woher die Fülle an unverwechselbarer Einmaligkeit?

Die Frage nach dem Woher ist die Frage nach dem Ursprung, nach der Quelle.

Wer oder was ist die Quelle der Einmaligkeit, der Originalität? Wir wissen es nicht von uns aus. So wenig ein Wassertropfen im Fluss davon weiß, aus welcher Quelle er stammt, so wenig weiß der Mensch, was sein Ursprung ist.

Aber eines können wir erschließen:

Hat die Quelle alle Originalität hervorgebracht, muss sie selbst so etwas wie eine Uroriginalität sein.

Hat die Quelle so viel Einmaligkeit hervorgebracht, dann stellt sie selbst so etwas wie eine Ureinmaligkeit dar. Alle Originalitäten dieser Welt können nur Abbild ihrer Quelle sein. Hat die Quelle so viel Individualität, diese Fülle unverwechselbarer

Einmaligkeiten hervorgebracht, dann haben wir es bei dieser Quelle mit der *Einmaligkeit schlechthin* zu tun.

Alles, was aus dieser Quelle kommt, trägt, um es in einem schiefen Bild zu sagen, die Handschrift der Quelle. Gehört Einmaligkeit zum Wesen der Dinge, dann *darum,* weil etwas vom Wesen der Quelle in die Dinge eingeflossen ist. Gehört Einmaligkeit zum Charakter alles Geschaffenen, dann darum, weil etwas vom Charakter des Ursprungs in das Geschaffene eingeflossen ist.

Hast du schon einmal daran gedacht, dass du einmalig bist?

Bewege diesen Gedanken einmal lange in deinem Herzen. Das macht etwas in dir.

Weißt du, was es heißt, dass wir einmalig sind?

Da ist etwas vom Wesen unseres Ursprungs in uns anwesend, sonst könnten wir uns nicht als einmalig empfinden. Du und ich – wir sind *einmalig!*

Wir sind einmalig, im Blick auf unsere *Zeit*, die uns gewährt ist, und wir sind einmalig im Blick auf unsere *Person*.

Das Buch der Bücher sagt: „Am Anfang schuf Gott Himmel und Erde."

Da! Am Anfang hat unser aller Reise ins Dasein begonnen. Da begann es, mit der Schöpfung, von der wir ein klitzekleines, aber besonderes, außergewöhnliches, unverwechselbares Teilchen sind.

Von Ewigkeit her hat der Schöpfer uns erwählt. So steht es im Buch der Bücher.

Da wird mir ein Wert zugesprochen, der atemberaubend ist! Da muss ich mich bei keinem entschuldigen, dass es mich gibt. Ich kann gerade und aufrecht durchs Leben gehen. Minderwertigkeitsgefühle sind nicht angebracht und Angeberei auch nicht. Ich habe mir diesen Wert ja nicht selbst gemacht. Der ist mir geschenkt worden, vom Schöpfer des Universums.

Wäre nur irgendwo ein Faden in der Vergangenheit anders geknüpft worden, wäre ein Faden weniger oder ein Faden mehr gewesen, es gäbe dich nicht. Hätte einer deiner Vorfahren im Altertum statt seiner Frau eine andere geheiratet, die ihm die Kinder geboren hätte, dann gäbe es dich nicht. Du wärst nicht anders, nein, *du* wärst nicht. An deiner Stelle wäre ein anderer.

Das sind atemberaubende Gedanken. Unter allen Lebewesen dieser Welt bist du einmalig. Dein Aussehen, dein Gesicht, deine körperliche Beschaffenheit, die Gestaltung deiner Haut, dein Gewebeindividualismus, dein Charakter, dein Wesen, deine Veranlagung, alles gehört unverwechselbar zu dir.

Spürst du etwas davon, was es heißt, dass wir einmalig sind?

Da ist etwas von der Einmaligkeit, von der Quelle schlechthin in jedem von uns anwesend.

Ich bin ein einmaliges, unverwechselbares Ich, und du bist es auch.

Du bist mehr als ein Tropfen im Strom.

Dir droht Verflüssigung

Jeder ist einmalig
Immer, wenn wir „ich" sagen, ist ein anderes Wort mitgesagt, nämlich: „du".

Ich könnte nicht „ich" sagen, wenn ich mein „Ich" nicht von einem „Du" her gewonnen hätte. Weil du ein „Du" bist und ich dich als einen anderen erlebe, kann ich mich erst entdecken als ein „Ich".

Wenn ein Kind geboren wird, lebt es nicht nur allein von der Muttermilch. Es lebt auch von jedem Wort, das aus dem Mund der Mutter kommt. Es muss angesprochen werden! „Da bist du ja, du Kleines!", sagt die Mutter und vieles mehr, immer wieder. Da ist ein inneres Verlangen in der Mutter, das sie beständig mit dem kleinen Wesen sprechen lässt, obwohl sie doch weiß, dass es noch kein Wort versteht.

Beim Sprechen mit dem Kind geschieht ein Doppeltes. Zum einen: Das Wort vermittelt den Geist dessen, der spricht. Es geht vom Sprechenden etwas auf den Angesprochenen über.

Zum anderen: Das Wort öffnet den Geist dessen, der da angesprochen wird. Die Einwirkung des Geistes auf einen anderen schließt den Geist dieses anderen auf. Das Kind merkt mehr und mehr, dass es eine Person ist.

Im Anfang kann das Kind noch nicht „ich" sagen. Da redet es von sich als von einer fremden Person. Da sagt das Kind nicht: „Ich will Auto haben", sondern: „Ben will Auto haben." Es kommt der Tag, an dem es merkt: „Dieser Ben bin ja *ich*." Sein „Ich" gewinnt das Kind am „Du", am „Du" der Mutter, am „Du" des Vaters, am „Du" anderer Menschen.

Am „Du" des anderen kann ich mich entdecken als ein „Ich".

Habe ich aber das „Du" entdeckt, geht mir auf, dass ich *mit dir* da bin. Ich entdecke den anderen Menschen, der mit mir Mensch ist. Ich entdecke den *Mitmenschen*. Der andere ist auch ein „Ich", eine Einmaligkeit, ein Individuum, ein Original.

Habe ich eben noch über das Wunder meiner Einmaligkeit gestaunt, so erlebe ich jetzt ein anderes Wunder: Hey, es gibt ja unermesslich zahlreiche Einmaligkeiten. Die sind unverwechselbare Einzelne. Von den Einzelnen gibt es viele. Jeder ist einmalig.

Viele werden zur Masse

Auf dem Feld der menschlichen Gemeinschaft wimmelt es von Einzelnen. Ehe wir uns dessen versehen, ereignet sich etwas. Ein neuer Begriff entsteht: Aus dem „Ich" und dem „Du" wird ein *„Wir".* Die vielen Einzelnen fließen zusammen. Sie werden eine Masse. Viele Individuen summieren sich, „verflüssigen" sich, fließen wie viele Tropfen zusammen in einen Strom. Wir sprechen vom Strom der Masse.

Wir entdecken und fühlen, dass wir einmalig und unteilbar sind. Aber dann erleben wir uns im Strom der Masse – als ein Teil von ihm.

Nun wird es dramatisch.

Fragen brechen auf: Bin ich wirklich unteilbar? Oder bin ich doch nur ein Teil? Bin ich nur ein Teil der Masse, nur ein Massenteilchen?

Wir sind auf der Erde sieben Milliarden Menschen. Ich bin einer unter ihnen. Kommt es da auf mich überhaupt noch an? Wo bleibt meine Einmaligkeit, meine Originalität? Wird sie von der großen Zahl nicht verschluckt?

Macht die Menschenmasse aus mir nicht einen Massenmenschen?

Wir müssen darüber nachdenken, was *Masse* ist.

Wir denken vielleicht an ein überfülltes Fußballstadion, d. h. wir denken an *Quantitäten.* Das aber trifft nicht ganz die Sache. Es geht in dem Wort Masse nicht nur um Quantität. Es geht auch um eine Qualität, meistens um eine negative. Auch ein *einsamer* Mensch kann ein Massenmensch sein. Da kann jemand seit 20 Jahren alleine wohnen, wenig Kontakt mit anderen Leuten haben und in unserer Medienwelt doch ein Massenmensch sein. Er kann alles denken, was die Masse denkt, alles glauben, was die Masse glaubt. Er kann Abklatsch der öffentlichen Meinung sein, allen Manipulationen ergeben. Der Massenmensch muss nicht unbedingt in der Masse sein. Es handelt sich vielmehr darum, dass die Masse *in ihm* ist.

Dass du und ich in der Masse sind, können wir nicht ändern. Aber dass die Masse in uns ist, muss unbedingt verhindert werden.

Um es in einem Bild zu sagen: Jemand war ertrunken. Er wurde tot aus dem Fluss geborgen. Warum war er tot? Hier war nicht nur ein Mensch in den Fluss geraten. Niemand stirbt daran, dass er in einen Fluss gerät. Der Fluss war in den Menschen geraten. Daran stirbt man. Genauer: Wenn vom Fluss mehr in ihn eindringt, als ein Mensch aufnehmen kann, ertrinkt er. Das ist eine Art Erstickungstod.

Wir sind im Strom der Masse. Das ist nicht zu verhindern. Doch wehe uns, wenn der Strom der Masse in uns ist. Dann erstickt unsere Individualität. Deine Persönlichkeit, deine Einmaligkeit stirbt.

Masse bedeutet Druck. Der Massendruck, der auf dem Einzelnen lastet, ist dazu angetan, das Unteilbare zu spalten. Das gespaltene Individuum aber ist das zerstörte Individuum. Ist unsere Person gespalten, kann sie leicht verflüssigt werden und löst sich in der Masse auf.

Das ist die Gefährdung des Menschen: Im Zeitalter der Massen mit seinen Massenmedien droht ihn der Massendruck zu verflüssigen. Für unsere Seele ist es gefährlich, wenn der Strom der Masse in uns eindringt.

Wie sieht das praktisch, im Einzelnen aus?

Der verwaltete Mensch
Wir haben verschiedene gemeinsame Interessen. Die können wir am besten in Interessenverbänden durchsetzen. So haben wir nun große Zweckorganisationen. In der Gewerkschaft sammeln sich die *Arbeitnehmer*. Dem gegenüber existiert der Verband der *Arbeitgeber*. Man organisiert sich, trotzt dem Staat irgendwelche Freiheiten ab, was natürlich nur geht, wenn ich mir als Einzelner meine Interessen vertreten lasse. Damit gebe ich meine individuelle Freiheit aber auch ab, fühle mich überfordert, der Masse gegenüber Einzelner zu sein.

Als ich Lehrling war, übte man auf mich Druck aus, bis ich nachgab und in die Gewerkschaft eintrat, was ich eigentlich nicht wollte. Ich mochte den Leiter nicht. Er machte dauernd schmutzige Witze. Darauf stand ich nicht.

Wir haben uns daran gewöhnt, die Entscheidung oftmals anderen zu überlassen. Selbst zu denken und zu handeln geht vielen langsam verloren, denn: „Der Staat macht das schon."

Auf einem Autoaufkleber stand: „Wo lassen Sie denken?" Gute Frage!

Wir schwimmen im Strom des verwalteten Menschen.

Der reduzierte Mensch
Wir leben in einer Leistungsgesellschaft: Du bist das wert, was du leistest. Menschen werden auf Funktionen reduziert. Man nennt sie „Funktionäre". Früher sagte man von Maschinen, dass sie funktionieren. Nun sagt man es vom Menschen.

Wir sind das, worauf in einem vorgegebenen Zusammenhang das Interesse liegt. In einer Fabrik sind wir „Arbeitskraft". Das Menschliche an uns ist beiseitegelegt. Dass wir eine Seele haben, ein Gemüt, ein Herz und Gefühle, wird weggelassen.

Wenn du einmal mit Lungenentzündung im Krankenhaus liegst, sprechen Ärzte von dir als der *Lunge auf Zimmer sieben*. Menschen mutieren zur Leber, zum Blinddarm. Ärzte sprechen von dem, worauf ihr Interesse liegt. Da ist der Mensch nicht unteilbar, sondern aufgeteilt in Lunge, Blinddarm oder Geschwür.

Ich habe früher Handball gespielt. Einmal sagte unser Trainer: „Wir haben in diesem Jahr gutes Spielermaterial." Mich meinte er auch damit. So stolz ich war, dazu zu gehören, so war ich doch leider zum Material geworden und hatte es nicht gemerkt.

Unsere Sprache verrät uns. Sie ist ein wenig zur Mördersprache geworden, weil sie das Menschliche am Menschen gern weglässt. Aber das Menschliche am Menschen ist das Eigentliche am Menschen.

Der vermarktete Mensch
Von der Zeit der Romantik bis tief ins 19. Jahrhundert hinein wurde der Mensch von etwas verfolgt, was Nachdenkliche als richtig gespenstisch empfanden. Durch Philosophie und Literatur geisterte *das Gefühl bedrückender Leere*. Man hat es auch das Phänomen der „Langeweile" genannt. Seltsam: In einer Zeit, in der man aufhörte, an Gott zu glauben, kam ein Gefühl der Leere über die Menschheit.

Philosophen, Dichter und Denker sind so etwas wie die Seismographen einer Gesellschaft. Sie registrieren geistige Erdbeben. So haben sie einst die Langeweile als die Krankheit ihrer Zeit bezeichnet. Einige fingen an zu begreifen, dass die Leere eine Folge des Gottesverlustes war. Das Nichts, das in die Seelen der Menschen eindrang, wurde als Leid empfunden. Der innere Mensch schrie auf. Er konnte die Leere nicht ertragen. Langeweile wurde zum weltweiten Phänomen.

Nun das Seltsame: Die Leere wird heute kaum noch empfunden.

Langeweile? Das gibt es kaum. Was ist passiert? Sind wir kuriert?

Das Erschrecken über das gähnende Nichts ist heute meistens unbekannt. Langeweile als Störung des Daseins ist uns eher fremd. – Was ist des Rätsels Lösung?

Der Mensch hat die Technik entwickelt! Durch ihren Siegeszug wurden Leere und Langeweile *scheinbar* vertrieben. In die Leere aber ist aufgrund der Technik die Fülle eingedrungen. Jetzt sind wir zwar vollgestopft, aber unausgefüllt.

Fülle darf man nicht mit Erfüllung verwechseln. Fülle ist wie eine Droge, die den Krebsschaden nicht heilt, sondern nur überdeckt. Die innere Leere entspricht der äußeren Fülle. Waren müssen sich verkaufen. Die Leere des Menschen ist der allerbeste Absatzmarkt. Wirtschaft und Industrie verstehen es grandios, sich den Seelenzustand unserer Leere dienstbar zu machen.

Weil kein Mensch seine Leere erträgt, täuscht er sich mit technischen Mitteln und Möglichkeiten über seinen wahren Zustand hinweg.

Bei vielen werden der inneren Leere wegen der Fernseher, das iPad, der PC nicht mehr kalt. Hast du ebenfalls Angst vor deiner Leere? Packst du darum dein Leben mit vielen Dingen voll, um dir nur ja nicht selbst zu begegnen? Viele setzen sich widerstandslos der Fülle aus, die wie eine Flut über uns gekommen ist, einer Flut der Worte, der Bilder, der Töne. Zur Stille kommen nur noch wenige. Stille wird gefürchtet wie die Pest. Es hat einmal jemand gesagt: „Wenn der Mensch still wird, dann kommt er zu sich selbst und damit zu seiner größten Schwierigkeit."

Dazu kommt die Flut der Werbung, die sich über uns ergießt.

Man appellierte kürzlich an meine Männlichkeit, ob ich es schon kennen würde, das maskuline Auto mit der totalen Kraft.

Nein, ich kannte es noch nicht. Aber ich kann mir nicht helfen, das spricht mich an, das passt zu mir. Das maskuline Auto mit der totalen Kraft! Weißt du, ich brauch sowieso bald ein neues Auto, dieses maskuline würde mich schon interessieren.

So funktioniert Werbung.

Auch für meine Ehe ist jetzt wieder Hoffnung. Das neue wurzeldynamische Haarwuchsmittel reißt völlig neue Zukunftsperspektiven auf. Der drohende Partnerverlust kann abgewendet werden. Ist klar, wer will schon einen Mann mit Glatze? Das neue Haarwuchsmittel macht Zuneigung wieder möglich. Hier wird das Lebensglück noch einmal neu begründet. Und das für nur 4,35 € Einführungspreis pro Flasche. Ich wäre ja ein Schuft, wenn ich das für den Erhalt meiner Ehe nicht übrig hätte.

Ich habe ein bisschen übertrieben. So ähnlich aber funktioniert Werbung.

Wir haben volle Schaufenster, veröden aber an unserer inneren Leere.

Ein Bekannter hat erzählt: Einem Ehepaar, das lange in der Dritten Welt als Entwicklungshelfer gewesen war, fiel es nach der Rückkehr nicht leicht, sich wieder zurechtzufinden.

„Was fällt euch denn am schwersten?", wurden sie gefragt.

„Die Fülle erdrückt uns", gaben sie ehrlich zu. „Wenn wir drüben Schuhe kaufen wollten, gab es nur *eine* Sorte und Größe. Wir sind hier in ein Schuhgeschäft gegangen, das war so überladen, dass wir unverrichteter Dinge gegangen sind."

Fülle erdrückt. Leere wird überspielt. Wir haben einen hohen Lebensstandard, fristen aber ein niedriges Standardleben. Wir sind genormt, angepasst, werden vermarktet.

Der gleichgeschaltete Mensch

Kommt der gestresste Mensch abends erschöpft nach Hause, braucht er Ruhe. Es wird aber höchstens der Leib in Ruhestellung gebracht. Seele und Geist werden weiterhin künstlich auf Trab gehalten. In der Stille könnte man sich selbst begegnen. Das aber muss anscheinend unter allen Umständen vermieden werden. Nun, da ist keine Not. Professionelle Amüsierfunktionäre mit einem unerschöpflichen Reichtum an Ablenkungsmanövern sind zur Stelle. Welch ein Service! Man muss sich nicht einmal selbst mehr die Zeit totschlagen. Es gibt professionelle Zeittotschläger, die es dir abnehmen. Sie müllen dich zu, ohne dass du es merkst.

Es gibt eine Industrie, deren Sinn allein darin zu bestehen scheint, im Menschen keine Stille zum Nachdenken aufkommen zu lassen. Sie setzt zig Milliarden um. Wir haben ihr den tiefsinnigen Namen „Unterhaltungsindustrie" gegeben.

Natürlich freuen wir uns über geistreiche, intelligente, auch lehrreiche Unterhaltung. Ins Theater zu gehen ist oft ein Kunstgenuss. Tolle Konzerte gibt es, gute Liedermacher und, und, und.

Es gibt – was das Thema *Unterhaltung* betrifft – aber leider auch viel Mist, produziert von einer Unterhaltungsindustrie, für deren Unterhalt wir mit Milliarden aufkommen. Dafür bietet sie dümmste Unterhaltung. Unterhaltung dieser Art lässt sich so beschreiben: Bei ständiger Unterhaltung wird man *unter* seiner Menschenwürde gehalten. Sich dem unentwegt auszusetzen ist demnach keine Haltung, sondern eine *Unter*-Haltung.

Ein sizilianischer Dichter hörte einmal, wie ein Schweinebauer sagte: „Beim Fernsehen ist es wie bei den Schweinen. Es kommt nichts um." Alles wird geschluckt, was serviert wird.

Ich erinnere noch einmal an den Satz: „Der Mensch ist, was er isst." Da produzieren Menschen aus ihrer manchmal dunklen Fantasie die schrecklichsten Dinge, und wir schlucken sie. Was wir hören und sehen, geht in die Tiefenschichten unserer Seele ein. Um es nochmals zu sagen: Keiner käme auf die Idee, Dreck zu essen. Wir hätten doch Angst, dass wir uns den Magen verderben. Ist unsere Seele weniger kostbar als unser Magen?

Erinnern wir uns doch einmal an den ersten Hauptsatz der Thermodynamik. Danach geht keine Energie verloren, sondern sie wird umgewandelt. Der Gedanke, dass von dem gesendeten Schund nichts umkommt, lässt tiefsinnig werden.

Wo bleibt der ganze Mist? – Er wird geschluckt und umgewandelt.

Worin wandelt er sich um?

Er wandelt sich in Unfähigkeiten um. Er wandelt sich um, wie es jemand sagte, in die Unfähigkeit, zu trauern. Er wandelt sich um in die Unfähigkeit, zu lieben. Er wandelt sich um in die Unfähigkeit, zu hoffen. Er wandelt sich auch um in die Unfähigkeit, sich tief freuen zu können. Schau dir die Gesichter der Wohlstandsmenschen an: Wie traurig viele aussehen. Das ist die Unfähigkeit zur Freude.

Nicht zuletzt wandelt sich die unruhige Fülle um zur Unfähigkeit, dem lebendigen Gott zu vertrauen.

Der genormte Mensch

Die Masse hat eine normende Kraft. Wer aus der Norm fällt, wird als unnormal geächtet. Wenn man über einen Menschen sagt, er sei nicht normal, ist das fast wie ein Todesurteil. Die Norm, das, was alle tun, ist unantastbar. Wer zum Beispiel im Geschäftsleben Nächstenliebe üben will, seinem Konkurrenten gegenüber fair sein möchte, macht sich oft lächerlich.

Wer es als Schüler wagt, nicht abzuschreiben, sondern selbst lernt, wird leicht als Streber verschrien. Wer nicht bereit ist, dreckige Witze zu hören und weiterzuerzählen, „will wohl was Besseres sein!" Der gehört nicht dazu.

Den genormten Menschen kennzeichnet eine gewisse Wahrnehmungsverweigerung. Er ist Weltmeister im Verdrängen der Wahrheit. Wahrheit ist, dass die Rohstoffe der Erde zu Ende gehen, aber wir beuten die Reserven aus, als hätten wir noch nie etwas davon gehört. Wahrheit ist, dass der Weltfrieden nur durch die Umkehr des menschlichen Herzens gewonnen werden kann. Wer aber von der Umkehr des menschlichen Herzens spricht, den halten viele Leute für ziemlich blöd.

Wir sind mehr als nur ein Tropfen im Strom. Aber wir drohen, verflüssigt zu werden. Es gibt Leute, die möchten da heraus. Ich kenne welche, die gehen auf die Straße, sie demonstrieren, weil sie dagegen sind. Aber wogegen sind sie? Sie sind immer nur gegen die anderen, von denen sie sich aber kaum unterscheiden.

Neben den Konformen, die sich mit dem Strom zu Tale wälzen, gibt es die Nonkonformisten. Sie bewegen sich jedoch nur scheinbar gegen den Strom. Ich kenne welche, die wollten politisch nicht mehr schwarz sein oder rot. Sie wählten die Farbe Grün. Alternativ wollen sie sein. Sie behaupteten, es böten sich Seitenarme an. „Im breiten Strom schwimmen wir nicht mehr mit! Wir bevorzugen einen eigenen Strom!" Sie merkten nur nicht, dass sie mit diesen Seitenarmen immer noch in die gleiche Richtung schwimmen.

Ich habe einmal einen Mann gesehen, der hat auf seinem Auto einen Aufkleber mit den Worten: „Gegen Tierversuche und Tierquälerei". Man erzählte mir, dass er seine eigene Frau gern seelisch quält, ähnlich wie Tierquäler die Tiere.

Ich weiß von Leuten, die sind in der Friedensbewegung. Nichts gegen die Friedensbewegung. Aber jemand demonstrierte für den Frieden und hatte 14 Tage vorher zu Hause die Scheidung eingereicht.

Ich richte nicht darüber, schon darum nicht, weil ich selbst weiß, dass es zwei Paar Stiefel sind, eine Überzeugung zu haben und die Überzeugung auch zu leben. Das Grundproblem ist ein ganz anderes.

In der Masse und doch kein Massenmensch

Strombett „Egoismus"
Was ist das Grundproblem?

Wir sind zusammengeflossen in einem Strombett, das „Egoismus" heißt. Wir schwimmen im Strombett der Sucht nach uns selbst. Egal, welche Seitenarme wir bevorzugen, Egoismus ist uns allen einverleibt. Wir leben nicht allein im Strom zerstörerischer Kräfte. Diese Kräfte leben in uns.

Im Fluss, der uns zu Tal bringt, zerfließen alle Differenzierungen.

Was meinst du, warum es in so machen Familien bergab geht? Weil da der Egoismus herrscht. Wenn es in Firmen Reibereien gibt, dann weil Egoismus herrscht. Wenn uns eine Bankenkrise überrollt, dann weil Egoismus herrscht. Die Masse schwimmt in der Woge einer nicht zu bändigen Selbstsucht.

Müssen wir mit diesem Strom mitschwimmen?

Sich zu widersetzen ist nicht leicht. Ein Strom bricht so ziemlich jeden Widerstand und das aufgrund von zwei Gegebenheiten:

Da ist zunächst die *Masse*. Je gewaltiger sie ist, umso eher schwindet die Gegenkraft. Das andere ist die *Dauer*. Wenn sich jemand gegen ein Gefälle stemmen will, muss er dauerhaft stark sein. Nicht der Druck allein macht mürbe, es ist der *Dauerdruck!* Wenn Druck beständig anhält, nimmt der Widerstand ab. Widerstand zu leisten, wo sich die Masse mit der Dauer verbindet, ist schwer.

Das Gefälle überwinden

Wie kommen wir aus der Masse heraus?

Von uns aus haben wir nicht die Spur einer Chance. Wir können uns noch so nonkonformistisch geben, noch so revolutionär, wir schwimmen mit dem Strom des Egoismus. Das ist unsere Welt.

Wir müssten die Welt überwinden, nicht allein die Welt um uns, sondern die Welt in uns.

Wie soll das geschehen? Von uns aus haben wir keine Chance!

An dieser bedrückenden Stelle möchte ich wieder sagen, was ich selbst nicht immer gewusst habe: In dieser Welt, die uns mit ihrer Massenstruktur zu erdrücken droht, kursiert ein tolles Wort. Es steht im Neuen Testament und stößt uns die Tür zu einer neuen Wirklichkeit auf:

„Denn alles, was aus Gott geboren ist, überwindet die Welt; und unser Glaube ist der Sieg, der die Welt überwunden hat" (1. Johannes 5,4).

Das Neue Testament spricht von Menschen, die Christus in ihr Leben eingeladen haben. Über sie heißt es, sie seien dadurch Gottes Kinder, also nicht „aus menschlichem Geblüt noch aus dem Willen des Fleisches ... sondern aus Gott geboren" (Johannes 1,13).

Um es gleich zu sagen: Um moralische Überflieger handelt es sich hier nicht, auch nicht um Heilige. Es ist von denen die Rede, die mit der Last ihrer Schuld nicht mehr leben wollten und sie darum Jesus brachten. Es sind Sünder, die sich begnadigen ließen und Jesus als ihren Herrn anerkannten und aufnahmen.

Die Alternative

Alternativ zu sein ist in. Viele reden vom alternativen Lebensstil.

Alternativ (lat.) bedeutet: „von woandersher geboren". „Alles, was aus Gott geboren ist, überwindet die Welt", heißt es im Buch der Bücher.

Von Gott geboren zu sein ist die einzig echte Alternative zu allem in der Welt. Du brauchst die andere Geburt, die Geburt aus Gott!

Wie kann das zugehen? Um unser Bild aufzugreifen: Du musst zurück zur Quelle. Aber wie kommt man dahin?

„Wer die Quelle erreichen will, muss gegen den Strom schwimmen." Muss ich jetzt in einem religiösen Kraftakt stromaufwärts strampeln?

Weit gefehlt. Da wäre unsere Puste bald erschöpft.

Ich darf dir etwas Besseres sagen: Die Quelle, von der wir reden – und hier wird das Bild von Quelle, Fluss und Mündung ganz schief – die Quelle ist nicht weit weg. Die Quelle ist Gott, und der ist nah. Er ist näher, als wir alle denken. Gott ist dir näher als dein Hemd, näher als die Luft, die du atmest. Wir müssen uns nicht abstrampeln, um zu ihm zu kommen. Er kommt zu uns, gibt das Wasser des Lebens – umsonst. Wenn du das empfängst, bist du von Gott geboren.

So überwindest du die Welt.

Das Wasser des Lebens ist nicht dies und das. Das ist er selbst, Gott in Jesus Christus. Er ist der große Liebende, die selbstlose Liebe in Person. Wenn diese Liebe in uns hineinkommt und unter uns wirksam wird, wird die Welt überwunden, der beherrschende Egoismus in unseren Herzen, Familien, Gemeinden, in unserem Volk, in dieser Welt. Die einzige Möglichkeit, gegen den Strom der Ichsucht zu schwimmen, besteht darin, die Liebe Gottes in unser Herz zu lassen.

Jeder kann die Liebe in sein Herz aufnehmen, weil jeder Jesus aufnehmen kann. Das ist die Alternative, die andere Geburt. Alternatives Leben ist wiedergeborenes Leben. So tief stoßen die Dinge vor. Sie gehen auf den Grund, auf den Kern jeder Person. Hier wird es höchstpersönlich.

Diese neue Geburt heißt: Jesus wird die Mitte meines Lebens.

Ich glaube längst nicht mehr, dass die Leute nicht an Gott glauben *können*. Ich habe begriffen, dass sie nicht glauben *wollen,* weil sie spüren, dass ihr großes Ich dran glauben muss.

So teuer ist die Alternative! Billiger geht es nicht. Das Herz muss ergriffen sein. Wir mögen religiös sein bis zum Stehkragen. Wenn unser Herz nicht von Jesus erreicht ist, nützt alle Kirchlichkeit nichts. Das Herz muss verwandelt werden!

Das alternative Leben wirkt sich aus im Umgang mit Gott und den Menschen. Wie du deine Eltern behandelst, deine Großeltern, wie du mit deinen Geschwistern umgehst, mit deinen Lehrern, den Verachteten, sogar mit deinen Feinden, darin erweist sich, ob du aus der Alternative Gottes lebst. Dass wir dabei auch auf die Nase fallen können, weiß ich nicht nur von anderen, sondern aus eigener Erfahrung. Aber dann bleibe ich nicht einfach liegen, sondern lasse mich von Jesus wieder auf die Füße stellen. Das nennen wir die Vergebung der Sünden.

Wer behutsam und liebend mit Menschen umgeht, der tut es auch mit der Natur. Behutsamkeit und Liebe werden zu einem alternativen Wesen in uns. Das alles bewirkt die neue Geburt.

Wir hatten gesehen: Wenn wir auch durch unser Dasein im Strom der Masse sind, so kommt es darauf an, dass der Strom der Masse nicht in uns ist. Dem Ich-Strom, an dem der Einzelne stirbt, stellt Jesus Christus die Quelle des Lebens gegenüber: „Wen da dürstet, der komme zu mir und trinke" (Johannes 7,37).

Wir brauchen die neue Geburt aus Gott. Wir brauchen ein Herz voller Liebe, dann können – sozusagen als Nebeneffekt – Ehen wieder gut werden, Väter barmherziger, Mütter verständnisvoller, Kinder verantwortlicher, Männer und Frauen gemeinschaftsfähiger. Das gilt, auch wenn wir in dieser Welt nie fehlerfrei sein werden.

Das alles gelingt nicht wie auf Knopfdruck. Aber nun sind wir Jünger Jesu geworden, d. h. seine Lehrlinge, beginnen nach Gottes Willen zu fragen, nach den Geheimnissen, die Gott in die Schöpfung gelegt hat. Wir beginnen umzulernen.

Dass unsere Welt wieder eine menschlichere Welt wird, kann gelingen, wenn sich Menschen auf Gott einlassen. Ohne Gott verwildert ein Dorf, eine Stadt, ein Volk. So steht es in der Bibel.

Die Bibel hat sich stets als wahr erwiesen.

Müssen wir immer mit dem Strom schwimmen? Nein. Wir dürfen aus der Quelle leben.

Große Zumutung

4. Teil

Leben verlieren, um es zu finden

Protest gegen frommes Geschwafel
Geburtstagsparty. Die Bude ist voller junger Leute. Sie sprechen über Gott und die Welt. Das war nicht vorgesehen. Sie wollten feiern, tanzen. Wie es dann aber manchmal so ist: Sie hatten über dies und das gesprochen. Irgendwie waren sie auf Religiöses gekommen.

Einige sind dagegen, einige dafür, einige haben überhaupt keine Meinung.

Stefan – ein Berliner und frisch verlobt – ergreift das Wort:

„Warum muss man immer jleich dajegen sein. Ick finde, zu 'ner zackigen Konfirmationsfeier kann man den lieben Gott doch ruhig mal antanzen lassen. Det bringt nebenbei auch Kohle. Und wenn ick mir verheirate, dann soll Lotteken ihren Schleier ham und die Orjel soll spieln und der Pinguin" – damit meinte er den Mann im Talar –, „der soll scheene Worte machen. Warum nich so'n bisschen Feierlichkeit, warum nich'n bisschen frommen Zirkus. Ick hab det jerne. Nur, det wa den Zirkusdirektor da oben ernstnehmen, det kann ja wohl keener verlangen."

Einige lachen, einige meinen, er wäre nicht konsequent. Stefan solle doch austreten aus der Kirche. So geht es hin und her.

Herr Müller, der Herr des Hauses und Vater des Geburtstagskinds, schaltet sich ein: „Also, einen gewissen Platz sollten wir dem Glauben schon einräumen. Er gehört zu unserer Zivilisation, hat sich einen festen Platz in unserer Kultur erobert. Und für die Erziehung der Jugend, da ist der christliche Gedanke auch ganz nützlich. Christlichkeit hebt die Moral, die Ehrlichkeit, die Höflichkeit. Solche Tugenden sind bitternötig, werden echt gebraucht. Gott muss sein. Einen Glauben braucht der Mensch. Die Religion von Jesus Christus hat auch ihr Gutes."

Für einen Augenblick ist es still. Dann platzt einem anderen Gast, Alex, der Kragen.

„Jesus Christus", sagt er, „ich höre immer Jesus Christus. Was soll mir diese leblose Katechismusfigur bedeuten? Als ich zur Schule ging, da hat man mich mit frommen Liedversen traktiert. Ich habe das religiöse Gesellschaftsprogramm gehorsam erledigt. Man hat mich konfirmiert, und ich habe Ja und Amen gesagt, weil man es verlangte. Aber jetzt lassen Sie mich damit in Ruhe. Ich will leben und keinen Heiligen spielen. Der fromme Sektor ist für mich passé. Wenn Sie wissen wollen, was ich von Ihrem Jesus halte: Der kann mir mal im Mondschein begegnen. Auf die bengalische Beleuchtung kann ich für mein Leben getrost verzichten."

Alex ist geladen. Das moralische Gerede von Herrn Müller macht ihn krank.

Warum eigentlich? Weil er so gottlos und böse ist? Nein, weil er echt ist. Ihn widert religiöses Gesäusel an.

Ehrlich gesagt, mir gefällt er irgendwie. Er hat ein Gespür für echt und unecht. Er lehnt es ab, sein Leben für ein paar angelernte Gesangbuchwahrheiten aus der Hand zu geben. Sein Protest ist ein Aufschrei gegen hohles, frommes Gerede.

Ich weiß von Haus aus, wie lächerlich man Gott, die Kirche und das ganze Brimborium finden kann. Das waren bei uns dumme Scherze. Darüber haben wir nicht einmal mehr gelächelt. So egal war uns das alles.

Es ist ja wahr! Ich verkaufe mein Leben doch nicht für ein paar tote Katechismusformeln. Komme mir doch keiner mit der billigen, frommen Tour: „Sei schön artig, dann bist du beim lieben Gott auch gut angeschrieben." Der Zopf ist doch ab. Wenn da welche sind, die Gott über Bord geworfen haben, weil sie diese billige fromme Tour nicht wollen, dann ist ihnen zu gratulieren.

Wenn Gott nur eine Art frommer Sektor ist, bengalische Beleuchtung für den grauen Alltag;

wenn Jesus Christus nur die leblose Figur eines religiösen Gesellschaftsprogramms darstellt, dann handelt jeder instinktiv richtig, der ihn beiseitelegt. Dem ist zu gratulieren, der diesen Hampelmanngott über Bord wirft und Christus als die Figur eines frommen Theaters vom Programm seines Lebens streicht. Das ist kein Rückschritt, das ist ein klarer Fortschritt.

Zwischenfrage: Was aber, wenn Gott ein ganz anderer ist als der, den Europa weggeworfen hat? Was, wenn Jesus Christus keine tote Katechismusfigur ist, sondern die große Wahrheit, mit der unser Leben einmal gemessen wird?

Es geht um alles
„Ich bin der Weg und die Wahrheit und das Leben; niemand kommt zum Vater denn durch mich." Diesen Anspruch Jesu verkündigt uns das Buch der Bücher (Johannes 14,6). Das heißt: Er ist der Richter, dem niemand davonlaufen kann. Er ist der Herr über Leben und Tod. Ob eine Menschheit das glaubt oder nicht, spielt zunächst keine Rolle. Entscheidend ist nicht, was wir über ihn denken, sondern *wer Jesus wirklich ist und was er über uns denkt.*

Er ist der, der einst Tote und Lebendige vor sein Angesicht stellt, um zu entscheiden, wo sie ihre Ewigkeit zubringen werden. Vor ihm sind die Völker wie ein Tropfen im Eimer. So steht's in der

Bibel. Er ist der, der den Kosmos regiert und dem es nicht egal ist, was du aus deinem Leben machst.

Weil Jesus Christus der ist, den die Schrift beschreibt, kann es sich keiner leisten, an ihm vorbeizugehen. Dann kann ich auch nicht mehr unverbindlich herumfrömmeln: „Religion hat auch ihr Gutes, und für die Erziehung der Kinder ist sie gut zu gebrauchen." Das ist albern. Der Ewige ist nicht dazu da, unsere irdischen Schwierigkeiten zu sanieren.

Im Neuen Testament wird klar, dass es den Christus, den wir uns gemacht haben, überhaupt nicht gibt und nie gegeben hat. Da ist keine langweilige Figur. Da ist kein holder Knabe im lockigen Haar. Da ist kein süßes Jesulein zur Befriedigung sentimentaler Gefühle.

Da ist eine Person, die alle schwachbrüstige Frömmelei provoziert, eine Person, die allen Stolz zerbricht, an der alle großen Ideen zerplatzen wie eine Seifenblase. Da ist eine Person, die das Leben radikal verändert.

Da waren junge Männer, Leute, die das Leben packen wollten. Durch Jesus wurden ihre Pläne aus den Angeln gehoben. Lies nach, wie es war, wenn der Nazarener auf den Plan trat! Neutral und unbeteiligt konnte keiner bleiben, das war unmöglich. Wo er unter dem Volk aufkreuzte, spaltete es sich immer in zwei Lager. Die einen waren von ihm hingerissen, und die anderen wollten ihn töten. Sein Wort überwältigte. Er streckte große Schwätzer zu Boden und machte kleine Leute zu Menschen, von denen man heute noch spricht. Das Geheimnis seiner Person fasziniert und erschreckt zugleich. Er ging durch die Lande, und die Menschen wurden von großer Unruhe gepackt. Die Elenden, die Armen, die in ihrem Gewissen zerrissenen Leute, krochen aus ihren Schlupfwinkeln, weil sie spürten, dass hier eine Liebe ist, die sie nicht verstößt. Das hatte sich bald herumgesprochen: Der macht uns nicht kaputt, der befreit uns von dem, was uns kaputt macht!

Sie brachten ihm ihr Elend, und er nahm es ihnen ab. Sie brachten ihm nicht ihre Anständigkeiten. Da hatten sie nichts zu melden. Sie bekannten ihm ihre Sünden, und er sprach sie frei.

Und dann waren da die anderen, vor denen diese elenden Leute zitterten, vor denen sie Angst hatten. Ich denke an die Schriftgelehrten und Pharisäer, die religiöse High Society, die in kalter Gerechtigkeit das einfache Volk verurteilte und an die Wand drückte. Zu ihnen ging Jesus auch. Und jene Eminenzen, die es gewohnt waren, dass man ihre Ringe küsste, auch die frommen Geschäftemacher, sie wurden von Jesus aus dem Tempel gejagt. So ging der Gottessohn durch die Welt, ungemein anziehend und ungemein abstoßend.

Wo wir bereit sind, uns heute Jesus zu stellen, wird genau das Gleiche aufbrechen: Manche fühlen sich von ihm angezogen, andere abgestoßen.

Anziehen wird er die, die mit der Last ihrer Lebensschuld nicht allein bleiben wollen. Abstoßen wird er alle möglichen Sorten von Pharisäern, die frommen Pharisäer, die gottlosen Pharisäer. Kurz: alle, die glauben, sie brauchten keinen Heiland, der ihnen die Sünden vergibt.

Zu wem möchtest du gehören?

Jesus Christus auf alle Fälle geht durch unsere Welt. Er zieht an, er stößt ab. In alledem fallen ewige Entscheidungen. In der Frage nach ihm geht es um Leben und Tod. So aufregend ist das mit Jesus Christus!

Wer muss bestehen?

Ich kenne Leute, die Jesus ablehnen. Ich will das respektieren. Wenn jemand das Evangelium ernsthaft prüft und ablehnt, will ich es respektieren, auch wenn ich es nicht verstehe. Aber die allermeisten, die ihn ablehnen, haben in ihrem Leben nie wirklich auf ihn gehört, haben nie gefragt, nie geprüft, worum es geht. Das ist eine seltsame Geschichte. Sie wissen nicht, was Sache ist, und sind doch dagegen.

Denen schlage ich vor, sich sachlich zu informieren, die Sache selbst zu befragen, im Neuen Testament zu lesen.

Ich möchte dem Alex sagen: „Du findest Jesus langweilig und hast ihn zerrissen wie ein unbrauchbar gewordenes Dokument. Das war genau richtig. Das Ganze hat nur einen Schönheitsfehler: Du hast eine Karikatur zerrissen und nicht den lebendigen Christus. Nicht wir können Jesus zerreißen, aber es kommt alles darauf an, dass er nicht einmal unser Leben zerreißt wie einen wertlosen Fetzen Papier."

Es geht doch nicht darum, ob Jesus Christus für uns noch möglich ist. Die Frage heißt auch nicht, ob er für Europa und die Welt noch möglich ist. Das bewegt doch nichts! Es geht darum, ob wir und Europa und die Welt vor Jesus Christus noch möglich sind. *Das* ist weltbewegend!

Wer muss denn bestehen, Gott vor uns oder wir vor Gott?

Was ist das schon, wenn wir Schluss machen mit Jesus Christus! Das pustet in der Ewigkeit keine Fliege von der Wand. Aber die Schicksalsfrage heißt: Wird Jesus Christus nicht einmal Schluss machen mit uns?

Ich will Leuten wie Alex sagen: „So sehr ich dich verstehe, so bist du doch einem glatten Irrtum der Geschichte aufgesessen, nämlich, dass eine Welt so tut, als ob Jesus vor unserer Instanz zu erscheinen hätte. Welch eine Illusion! Die erregende Wahrheit ist, dass *wir vor seiner* Instanz zu stehen haben. *Wir* werden einmal gefragt, nicht er. *Wir* werden einmal Rede und Antwort stehen müssen, nicht er.

Wie wird das sein, wenn er dich nach deinem Leben fragt?

Da hat einer seinen Kopf für dich hingehalten. Da hat sich einer kreuzigen lassen für das Elend dieser Welt. Das lässt sich nicht mit ein paar billigen Bemerkungen abtun. Am Kreuz von Golgatha ist mehr passiert, als wir mit unseren fünf Sinnen fassen können. Da sind die Würfel gefallen für unsere Ewigkeit."

Ästhetische Lüge

Am Kreuz ist die Schande einer ganzen Welt sichtbar geworden. Da hat der Sohn Gottes geschrien, weil diese Schande ihm die Seele zerreißen wollte. So war das damals.

Und heute? Heute schmückt das Kreuz das Dekolleté der erfolgreichen Geschäftsfrau oder der feinen Dame, die sich schick gemacht hat. In unserer Hand ist aus einer schrecklichen Wahrheit eine ästhetische Lüge geworden.

„Gnädige Frau, haben Sie schon einmal daran gedacht, dass Sie sich mit einem Todessymbol schmücken? Ist Ihnen klar, dass da geschrien wurde an jenem Kreuz, im Hexenkessel von Golgatha? Wissen Sie, dass es ein mit Blut verschmiertes Kreuz war, und dass das Blut sich mengte mit dem Speichel derer, die den Mann am Kreuz bespuckten? Wissen Sie das alles, gnädige Frau? Wissen Sie, dass Sie da ein Symbol für Ihre eigene Hinrichtung tragen? Wissen Sie, dass hier am Kreuz Ihr ganzes Elend aufgedeckt wird, das Elend, das Ihnen heimlich die Tränen in die Augen treibt, wenn Sie nur daran denken? Wissen Sie, dass hier am Kreuz aller Welt gezeigt wird, wie Ihr galantes Leben vor Gott aussieht, nur noch dazu verdammt, dass es am Kreuz hängt? Der da hängt, gnädige Frau, hängt doch für Sie und für mich. Haben Sie das vergessen? Wissen Sie nicht, dass auf uns eine Ewigkeit wartet, in der wir gerichtet werden sollen?

Nun aber übernimmt er das – für Sie und mich und für alle Welt."

Wir haben das Blut vom Kreuz entfernt. Wir haben es chemisch gereinigt und kultiviert. Wir haben es nachgebildet und in Edelsteine gefasst. Und nun schmückt es unseren gepuderten Hals. (Wenn jemand das Kreuz trägt, dann tue er oder sie es bitte nicht, weil es gut zum Teint passt, sondern als Bekenntnis zum Heiland der Welt.)

Was will ich mit alldem sagen?

Wir leben in einer Zeit, die von den Irrtümern um den gekreuzigten Christus nur so strotzt. Ein Kenner der Sachlage meint, das Christentum sei eigentlich nur noch die Summe der Irrtümer, die sich um Jesus Christus gebildet haben. Das heißt: Die Meinungen der Jahrhunderte haben sich wie ein Gestrüpp an ihn gehängt. Und dieses Meinungsgestrüpp ist so verworren, dass es fast unmöglich ist, den eigentlichen Christus dahindurch zu erkennen. Da hat einer gebrannt in der Tiefe seiner Seele, aber zweitausend Jahre haben sich wie eine dicke Asbestschicht dazwischen geschoben. Jetzt fröstelt uns bereits, wenn wir seinen Namen hören. Dabei bürgt dieser Name für ein verzehrendes Feuer. Er bürgt für das Feuer einer sich selbst verzehrenden Liebe.

Wo Steine fliegen
Einmal kamen religiöse Männer zu Jesus. Sie schleppten eine Frau mit sich. Man hatte sie beim Ehebruch ertappt. Darauf stand der Tod. Hier war ein Leben verwirkt. Wie aufgebracht sie waren! Sie gaben sich in ihrer Frömmigkeit tief verletzt.

Hier war eine Sünderin, und das Gesetz sagte: Sie muss sterben. Das Gesetz lautete: Auf Sünde steht Tod. Kein Prophet, kein Messias würde es wagen, dieses Gesetz zu brechen.

Sie sprachen zu ihm: „Meister, diese Frau ist auf frischer Tat beim Ehebruch ergriffen worden. Mose hat uns im Gesetz geboten, solche Frauen zu steinigen. Was sagst du? Das sagten sie aber, um ihn zu versuchen, auf dass sie etwas hätten, ihn zu verklagen. Aber Jesus bückte sich nieder und schrieb mit dem Finger auf die Erde" (Johannes 8, 4-6).

Da geschieht Unfassbares: Alle erwarten, dass die Frau als Leiche weggeschleift wird. Nichts Besseres hat sie verdient! Sie aber geht von ihrer Schuld befreit nach Hause, ohne dass ein Stein sie trifft.

Was war passiert?

Das tötende Gesetz hat in der Gegenwart Jesu seine zerstörende Kraft verloren! Sie waren gekommen, eine Frau zu steinigen. Aber Jesus sieht sie an, die ihre Wurfgeschosse schon in den Händen haben, und sagt: „Wer unter euch ohne Sünde ist, der werfe den ersten Stein auf sie!" (V. 7)

Ihnen erstarrt das Blut in den Adern. Auf ihren Lippen erstirbt jedes gehässige Wort. Sie lassen die Steine fallen und verschwinden – einer nach dem anderen.

Weißt du, warum? Weil sie alle unrein waren.

Dann stehen nur noch zwei an dem Ort, der ihre Hinrichtungsstätte hätte sein sollen. Jesus fragt die Frau: „Hat dich niemand verdammt?" – „Niemand, Herr" (V. 10.11).

Diese Heuchler wussten nur zu gut, dass sie genauso hätten gesteinigt werden müssen. Da war niemand, der sich von ihr unterschied.

Wir sind alle aus dem gleichem Holz geschnitzt. Vor Gott sitzen wir, wenn es drauf ankommt, alle auf *einer* Anklagebank. Keiner der Männer wollte dort stehen, wo die Steine niedergingen, an der Hinrichtungsstätte. Wo das Gericht vollzogen wird, will in Ewigkeit keiner stehen. Darum hatte sie niemand verurteilt, weil jeder wusste: Mein Urteil trifft mich selbst.

„So verdamme ich dich auch nicht", sagt Jesus, „geh hin und sündige hinfort nicht mehr!" Das heißt: „Tu es nicht wieder! Du machst dich kaputt. Ehebruch hat noch niemanden glücklich gemacht, hat immer nur zerstört. Tu das nicht wieder. Mein himmlischer Vater will nicht, dass du kaputtgehst. Er will, dass du heil wirst!"

Das ist Jesus!

Danach geht er zu seiner eigenen Hinrichtungsstätte, auf den Hügel *Golgatha*.

Ich frage ihn dort: „Was willst du hier?"
„Ich will für etwas einstehen!"
„Wofür?"
„Für das, was diese Frau getan hat."
„Warum du, der ewige Gottessohn?"
„Weil es sonst niemand für sie tut – und auch niemand tun kann!"

Das Kreuz der Weltgeschichte

Auf Golgatha steht ein Kreuz. Es ist das Kreuz der Weltgeschichte, die Hinrichtungsstätte für das Sündenelend aller Menschen.

Keiner kann da für einen anderen einstehen. Jeder steht für sich selbst. Jeder hat das Gericht tausendfach verdient. Jeder gehört ans Kreuz.

Nur einer nicht: der heilige Gottessohn! Ausgerechnet er, der nichts mit unseren Gemeinheiten zu tun hat, nichts mit unserem Hass, nichts mit unserer Gier, nichts mit unserer Unreinheit, der lädt alles auf sich. Er nimmt es auf die eigenen Schultern und schleppt das Elend dieser Frau, das Elend dieser Männer, das Elend deines und meines Lebens nach Golgatha.

Jeder ist gestolpert und gefallen. Wer kann sich vor dem lebendigen Gott das Gerede von der weißen Weste leisten? Nicht einer!

Er aber greift in das Elend unseres Lebens und lädt es sich auf.

Es gibt ja sonst keinen, der es uns abnimmt. Kein Buddha, kein Mohammed. Es gibt nur einen: Jesus. Er schleppt meine Sünde nach Golgatha. Da lässt er sich annageln an das Kreuz und erleidet genau das, was diese vor Gott unmögliche Frau erleiden sollte: das Gericht über die Sünde, den Tod.

„Hat dich niemand verdammt?"

„Niemand, Herr!"

Zwischen den Zeilen steht: „Weil sie sonst auch verurteilt würden."

„So verdamme ich dich auch nicht!"

Zwischen den Zeilen steht: „Weil ich mich für dich verdammen lasse."

Es ist, als hätte nicht die Frau die Ehe gebrochen, sondern als hätte er es getan, der Sohn des lebendigen Gottes.

Was hat unseren Herrn getrieben, sich selbst für die unmöglichsten Leute einzutauschen? Wir nennen es Liebe. Wer aber weiß, was das ist? Wir wissen nur, dass diese Frau keine zehn Minuten lang mehr gelebt hätte. Was wäre aus ihr geworden ohne Jesus? Was hätte sie machen sollen ohne ihn? Steine eiskalter Gerechtigkeit hätten sie zermalmt.

Wohin hätte diese Frau fliehen sollen? Hätte sie bei uns Schutz gefunden? Wer hätte wohl keine Steine in den Händen gehabt?

Selbst sind wir voller Unreinheit, aber wenn's ans Steinwerfen geht, sind wir immer noch dabei, oder?

Einer von uns

Wenn ich diese Frau sehe, hilflos mit einer zentnerschweren Last, unter der sie niemals mehr froh werden sollte, diese Frau, unmöglich vor dem lebendigen Gott, dann weiß ich, dass ich ihr unheimlich ähnlich bin.

Was würde aus mir werden ohne Jesus Christus?

Die Frau steht für die ganze Welt. Gott und die Welt gehören seit Ewigkeit zusammen. Die Welt ist sein Eigentum. Er hat sie geschaffen, sich an sie gebunden. Er hat einen ewigen Bund gemacht, einen Bund, der einer Ehe gleichkommt. Gott hat sich mit dieser Welt verheiratet.

Die Welt aber läuft ihm davon. Sie geht fremd, bricht die Ehe mit ihrem Schöpfer, rennt tausend

Götzen nach. Auf dem Ehebruch der Welt steht der Tod der Welt. Das ist göttliches Gesetz, Ehebrecher gehören an den Galgen.

„Als die Zeit gekommen war", so steht es einmal im Neuen Testament.

Als die Zeit gekommen war, rammte Gott das Kreuz in diesen Globus, um den Ehebruch der Welt zu richten. Das Urteil heißt: Die Welt ist des Todes schuldig. Der Mensch ist des höllischen Feuers schuldig. Er ist zu verdammen in alle Ewigkeit. Mit dem Menschen ist es aus. Er muss an das Kreuz.

Als die Zeit erfüllt war, hängt einer von uns an diesem Kreuz – aber es ist der Gottessohn. Gott tauscht ihn gegen die verlorene Menschheit.

Wir haben sechs Kinder und zwölf Enkelkinder. Wenn mein bester Freund zu mir käme und zu mir sagen würde: „Ich habe nur einen Sohn. Er ist herzkrank, wird sterben, wenn er nicht ein Herz bekommt, das ihm das Leben rettet. Du hast viele Kinder und Enkel. Gib mir das Herz eines dieser Kinder", ich würde meinen besten Freund rausschmeißen. Ich gebe doch nicht das Herz meines Kindes oder Enkelkindes für andere Leute!

Dass der lebendige Gott anders ist als ich – davon leben wir! Er gibt das Herz seines Sohnes für dich und für mich und für die ganze Welt.

Jesus sitzt vor der aufgepeitschten Volksmasse, die da schreit und geifert und lacht und flucht. Es gellt in seinen Ohren. Es gellt durch die Jahrhunderte: „Kreuzige ihn! Kreuzige ihn!" Er bäumt sich nicht einmal auf gegen diese Schande.

Er lässt sich mit einer Peitsche geißeln. Solche Peitschen gebrauchte man für das Tier. Dieser Mensch soll kein Mensch mehr sein. Aber er ist doch Gottes Sohn! Die Geißel mit den eingeflochtenen Metallstücken zerreißt ihm die Haut, das Fleisch. Dann muss er sein Kreuz selbst tragen. Das ist mehr als schweres Holz. Das ist die verlorene Welt. Dann wird er angenagelt. Es fließt Blut.

Er lässt sich anspucken und beschwert sich nicht. Er lässt sich mit Fäusten ins Gesicht schlagen und erhebt keine Hand. Er lässt sich beleidigen und lächerlich machen mit einer Dornenkrone und bleibt stumm.

Langsam und qualvoll verendet er. Das Letzte in ihm, das noch festhalten will am Vater, soll vernichtet werden.

Anstatt seine Feinde zu verfluchen, bricht es aus seinem geschundenen Leib hervor: „Vater, vergib ihnen, denn sie wissen nicht, was sie tun!" (Lukas 23,34)

Der Mann am Kreuz hat einmal gesagt: „Ich und der Vater sind eins" (Johannes 10,30). Wenn er leidet, dann leidet Gott. Wenn er blutet, dann blutet Gott. An dieser Liebe ist eine Hölle kaputtgegangen. An dieser Liebe ist ihre Macht zerbrochen, denn das Blut des heiligen und herrlichen Gottes ist die Sühne für unsere Schuld.

Wer kann das fassen? Was ist das für ein Gott! Paul Gerhard sagt:

Wer hat dich so geschlagen,
mein Heil, und dich mit Plagen
so übel zugericht?
Du bist ja nicht ein Sünder
wie wir und unsere Kinder,
von Missetaten weißt du nicht.
Ich, ich und meine Sünden,
die sich wie Körnlein finden,
des Sandes an dem Meer.
Die haben dir erreget,
das Elend, das dich schläget
und das betrübte Marterheer. *

Hingabe des Lebens

Wer sich hinter den üblichen Meinungen über Jesus Christus verschanzt, weiß nicht, was er tut. Wer sich Jesus Christus als eine langweilige Gestalt vorstellt, hat von ihm nichts begriffen. Wenn der Weg in das Reich Gottes so teuer zustande kommt, wenn er rot gefärbt ist vom Blut des Nazareners, dann geht es dem lebendigen Gott nicht

---

* Paul Gerhard (1607-1676), *O Welt, sieh hier dein Leben*. Evangelisches Gesangbuch, 84,2-3

um ein bisschen christliche Kultur, auch nicht um ein bisschen langweilige Kirchlichkeit. Dafür lässt der Ewige seinen Sohn nicht sterben. Es geht ihm darum, dass er uns ganz und gar zurückgewinnt, obwohl wir auf dem besten Wege waren, ganz und gar verloren zu gehen.

Wenn es in der Frage nach Jesus nicht um ewiges Leben oder ewige Verdammnis geht, dann lasst uns aufhören, seinen Namen noch zu nennen. Frommer Rausch ist zu wenig, dafür lohnt es sich nicht, ein Menschenleben aus der Hand zu geben. Aber wenn es sich an unserer Stellung zu Jesus Christus entscheidet, wo wir die Ewigkeit zubringen, dann möchte ich keinen Augenblick lang mehr ohne ihn sein. Dann möchte ich es in diese Welt hineinrufen: „An unserer Einstellung zu ihm fallen ewige Entscheidungen!" Dann weiß ich auch, dass er aus mir nicht ein frömmlerisches Gemüt machen will, das ihn ab und zu aus banaler Sympathie in der Kirche besucht. Dann weiß ich, dass er mir sagt: „Wirf dein Leben für mich in die Waagschale. Nicht dein halbes Leben will ich, nicht ein paar fromme Gedanken – ich will dich ganz!"

Er sagt: „Wer sein Leben erhalten will, der wird es verlieren; wer aber sein Leben verliert um meinetwillen, der wird's erhalten" (Lukas 9,24).

Sich an ihn zu verlieren, nichts ist sinnvoller als das! Wer leben will, soll bereit sein, ihm sein

Leben in die Hand zu geben. Wer leben will, der soll sein altes Ich in den Tod geben.

Das zerfetzt jede billige, fromme Tour, ist es doch der Zugriff Gottes nach unserem Leben. Jesus Christus ist der lodernde Anspruch an jeden Jungen, an jedes Mädchen, an jeden Mann und an jede Frau: „Folge mir nach, dann wirst du leben!"

Manche sagen: „Ich lebe ganz gut, auch ohne ihn."

Sie irren. Wer am Ende eines sogenannten guten Lebens in die ewige Nacht stolpern muss, hat nicht gut gelebt. Er hat sein Lebensziel verfehlt, ist nicht angekommen, wo er ankommen sollte.

Ohne die strahlende Hoffnung auf das ewige Leben lohnt sich das beste biologische Existieren nicht. Was soll die kurze Lebenssekunde, die wir im Kosmos fristen und unser Dasein nennen? Dass wir das ewige Leben finden, darum geht es. Das aber ist – ER! Es gilt, Jesus zu finden, genauer, sich von ihm finden zu lassen. *Er ist der Retter,* sagt die Bibel. Wir brauchen ihn, weil wir Rettung brauchen, und er will uns retten, weil er der Retter ist.

Er ist aber auch der *Herr*. Er rettet uns und will seine Herrschaft in unserem Leben aufrichten. Wer ihm begegnet, weiß: „Ich kann jetzt nicht mehr selbst Herr in meinem Leben sein." Es geht um einen Herrschaftswechsel.

Der Kampf zwischen Herodes und Jesus dauert an. Herodes weiß genau: Es kann nur einer

König sein! Und weil *er* es sein will, sollte Jesus sterben.

Das ist bis heute so. Jeder von uns ist ein kleiner Herodes und weiß: „Einer nur kann König sein." Wenn ich König zu sein beanspruche, muss Jesus sterben. Wir können ihn viele Tode sterben lassen: Wir können ihn lächerlich machen, ihn ignorieren, unsere Witze über ihn reißen. Aber wenn jemand erkennt, dass sein Herodes-Königtum nur eine kleine Sekunde im Kosmos dauert, der sollte bereit sein, sich dem Herrn der Ewigkeit zu verschreiben.

Die Frage lautet, ob ich bereit bin, mich an diesen Jesus Christus abzugeben, mich selbst loszulassen. – Hast du das je getan?

Er jedenfalls ist niemals mit einem anderen Anspruch aufgetreten. Er beansprucht, dass wir uns mit Leib und Leben an ihn verlieren. Billiger geht es nicht.

Die große Zumutung

Als Jesus auf der Bildfläche erschien, war viel los im Land. Er zog die Menschen an wie ein Magnet. Bei ihm wurden Kranke gesund und Hungernde satt. Da kamen die Leute zu Hunderten, zu Tausenden – sie wollten ihn sehen, sie wollten ihn erleben, sie wollten beschenkt werden. Dann sprach er zu ihnen. Es ging wie ein heißer Atem durch jede Rede: „Wer mir nachfolgen will, der verleugne sich selbst. Der sei nicht mehr selbst sein Herr, der überlasse die Herrschaft seines Lebens mir."

Je mehr Menschen er das sagte, umso mehr verließen ihn wieder. Tausende waren es gewesen. Dann waren es nur noch zwölf. Zuletzt liefen auch die noch weg. Dann ist er allein. Jesus wird von allen verlassen. Nicht ein Einziger bleibt ihm treu, weil er diesen schweren Satz gesagt hat. – Und hinterher?

Hinterher diskutieren wir seinen Herrschaftsanspruch herunter. Wir passen ihn unseren Bedürfnissen an. Der Ewige wird zum Mittel für die Lösung irdischer Probleme. Er wird salonfähig, weil wir die erregenden Dinge aus dem Evangelium wegretuschiert haben, z. B. dass er der Herr ist. Dann haben wir über ihn süße Weihnachtslieder gemacht. Angesichts eines holden Knaben im lockigen Haar muss ich mein Leben nicht ändern. Da kann alles so bleiben, wie es ist.

Hinterher gibt es auch Millionen, die auf ihren Knien zu den Stätten pilgern, wo vielleicht einmal sein Fuß einen Abdruck hinterlassen hat.

Machen wir uns nichts vor! Er bräuchte nur wiederzukommen, und all diese Millionen stünden blitzschnell wieder auf ihren Füßen, und das Gedränge um ihn wäre wie weggeblasen.

Oder man stürzte sich in der Masse auf ihn und schlüge ihn wieder tot.

Warum wäre das so?

Weil er an unseren heikelsten Punkt rührt: „Wer mir folgen will, der verleugne sich selbst. Das heißt: Wer leben will, der sei bereit, für mich alles stehen und liegen zu lassen. Wer glücklich sein will, der sei bereit, alles Glück dieses Lebens und was er dafür hält, für mich über Bord zu werfen, wenn ich es verlange."

An dieser Stelle geht der Mensch hoch wie von der Tarantel gestochen. Er muss daran hochgehen, denn es ist seine wundeste Stelle. Da liegt der empfindlichste Nerv bloß, den wir alle haben. Hier sind wir gepackt an unserem ewigen Egoismus, am Urtrieb unserer Selbsterhaltung. Hier ist der religiöse Spaß für uns vorbei. Hier laufen auch 80 % der Kirchenchristen weg.

Jesus stellt uns vor einen erregenden Anspruch. Der ist hoch explosiv. Er ist wie Dynamit, mit dem man eine Festung sprengt. Es ist möglich, dass kein Stein in unserem Leben auf dem anderen bleibt, wenn wir erfahren, wer er ist. Er zwingt sich niemandem auf. Er klopft immer nur an. Dieses Büchlein ist solch ein Anklopfen. Er klopft immer nur an. Mehr tut er nicht.

Wenn du dich aber ernsthaft auf Jesus einlässt, wirst du erleben, wie er die sichere Festung deines eigenen Ichs hochgehen lässt. Da zerbricht etwas in der Tiefe deiner Existenz, wenn du es mit ihm zu tun kriegst. Da fallen die

Säulen um, auf die wir unser bisheriges Leben gestützt haben.

Vielleicht hast du dich bisher auf deinen jugendlichen Elan verlassen. Der geht vorüber! Vielleicht baust du auf die Kraft deiner Arme, die dich zu einem begehrten Mann im Beruf gemacht haben oder auf das Geschick deiner Hände oder auf die Klarheit deines Verstandes. Das ist nur vorläufig. Vielleicht beruhigt dich dein Portemonnaie, und du hast ein volles Bankkonto. Das mag alles sein, und es sind ja gute Dinge. Nur – in der Begegnung mit diesem Herrn weißt du sehr bald, dass das alles nicht zählt.

Er mutet dir den Zerbruch aller alten Absicherungen zu. Durch diesen Zerbruch aber kommt er in dein Leben. Dadurch wirst du unzerstörbar.

Wie kommen wir nun dazu?

Dadurch, dass wir ihn bitten, in unser Leben zu kommen. Du kannst mit ihm reden. Er ist da, hört dich und erhört deine Bitte.

Hier ein Gebet der Lebenshingabe, dass du sprechen kannst:

Lieber Herr Jesus,

Du bist für mich ans Kreuz gegangen,
damit ich frei werde von aller Schuld.
Ich danke dir für deine grenzenlose Liebe
zu mir und aller Welt.

Komm in mein Leben hinein!
Ich nehme dich jetzt an
als meinen Retter und Herrn.
Danke, dass ich dir auf ewig gehöre.
Stärke meinen Glauben,
gib mir ein gehorsames Herz.
Ich lebe, weil du mich liebst.
Danke, lieber Herr!
Amen

5. Teil

Das feste Herz

Gnade kennt keine Flaute

Zum Schluss bitte ich dich, dich mit einem Text aus dem Neuen Testament auseinanderzusetzen:

„Bleibt fest in der brüderlichen Liebe.

Gastfrei zu sein vergesst nicht; denn dadurch haben einige ohne ihr Wissen Engel beherbergt. Denkt an die Gefangenen, als wärt ihr Mitgefangene, und an die Misshandelten, weil auch ihr noch im Leibe lebt. Die Ehe soll in Ehren gehalten werden bei allen und das Ehebett unbefleckt; denn die Unzüchtigen und die Ehebrecher wird Gott richten.

Seid nicht geldgierig, und lasst euch genügen an dem, was da ist. Denn er hat gesagt (Josua 1,5): ‚Ich will dich nicht verlassen und nicht von dir weichen.‘ So können auch wir getrost sagen (Psalm 118,6): ‚Der Herr ist mein Helfer, ich werde mich nicht fürchten; was kann mir ein Mensch tun?‘ Gedenkt eurer Lehrer, die euch das Wort Gottes gesagt haben; ihr Ende schaut an und folgt dem Beispiel ihres Glaubens.

Jesus Christus gestern und heute und derselbe auch in Ewigkeit.

Lasst euch nicht durch mancherlei und fremde Lehren umtreiben, denn es ist ein köstlich Ding, dass das Herz fest werde, welches geschieht durch Gnade."

(Hebräer 13,1-9)

Alles wackelt

Hast du schon einmal einen Windsurfer unter den Füßen gehabt?

Ich habe einen im Urlaub erprobt. Das muss ich dir erzählen. Ein tolles Ding!

Vorher wusste ich nur, dass man damit segeln kann. Aber wie das geht, hatte ich nicht bedacht. Ich stehe also auf einem Brett. Das ist etwa zwei Meter lang und liegt auf dem Wasser. Nun sagt man ja: *Wasser hat keine Balken.* Das heißt: Das Wasser wackelt immer. Wenn das Surfbrett darauf liegt, dann wackelt das natürlich auch. Also: Das Wasser wackelt, das Brett wackelt, und der, der auf dem Brett steht, wackelt am meisten.

An dem Brett ist ein langer Mast angebracht. Das Problem: Der liegt in einem Kugelgelenk. Der Mast wackelt also auch, haltlos nach allen Seiten. An dem Mast ist ein Segel angebracht, über ein Holzgerät gespannt. Das nennt man „Gabelbaum". Weil aber der Mast wackelt, wackelt auch der Gabelbaum. Und weil der

Gabelbaum wackelt, wackelt auch das Segel. Alles wackelt.

Du kannst dich nirgendwo festhalten, kannst nicht Tritt fassen. Alles wackelt. Die Hände finden keinen Halt. Die Füße auch nicht. Es ist zum Piepen, alles wackelt. Und als ich das Ding zum ersten Mal bestieg, fiel ich dauernd ins Wasser. Ich machte zuerst alles verkehrt, hatte einen Misserfolg nach dem anderen. Und schon wieder lag ich im Ozean.

Und dann die Leute am Ufer. Die sitzen da und lachen sich kaputt. Viele können es nicht besser, aber lachen, das können sie.

Ich habe immer gedacht, ich wäre etwas sportlich. Aber mit dem Windsurfer kam ich zunächst an meine Grenzen. Es fing alles an zu schwanken. Ein Windsurfer ist eine wacklige Sache. Kein Verlass.

In unserem Bibeltext ist ebenfalls von einer wackligen Sache die Rede, etwas, worauf kein Verlass ist, was oft wankt und schwankt. Mal flattert es in diese Richtung, mal in jene. Klar und fest ist das nicht:

Es geht um unser menschliches Herz.

„Es ist ein köstlich Ding, dass das Herz fest werde." So steht es hier. Aber das ist eher die Ausnahme. Die Bibel sagt: „Es ist das Herz ein trotzig und verzagt Ding" (Jeremia 17,9). Oder: „Aus dem Herzen kommen böse Gedanken" (Matthäus 15,19). Und darum heißt es: „Heiligt eure Herzen,

Ihr Wankelmütigen" (Jakobus 4,8). „Stärkt eure Herzen" (Jakobus 5,8).

Von Natur aus wackeln unsere Herzen wie die Windsurfer. Vielleicht kennst du dein Herz schon ein bisschen. Du tust Dinge, die du eigentlich gar nicht tun wolltest. Oder du hast dir etwas fest vorgenommen: *Das geschieht jetzt aber!* Ja, und dann? Dann geschieht es doch nicht. Das ist das wankelmütige Herz.

Niemand wird fertiggemacht

Ich finde nun, dass Gottes Wort hier in einer feinen Art und nicht erniedrigend davon spricht. Wir werden nicht angemacht.

„Bleibt fest in der brüderlichen Liebe. Gastfrei zu sein vergesst nicht; denn dadurch haben einige ohne ihr Wissen Engel beherbergt. ... Denn er hat gesagt (Josua 1,5): ‚Ich will dich nicht verlassen und nicht von dir weichen.'"

Das wurde an Christen geschrieben. Es stünde wohl nicht hier, wenn es nicht notwendig gewesen wäre. Es ist aber notwendig, weil unsere Herzen nun einmal so wankelmütig sind.

Bleibt fest in der brüderlichen Liebe.

Hier ist die christliche Nächstenliebe gemeint. Diese Liebe wird in unseren Familien oder sonstigen Beziehungen durch unser Herz beeinträchtigt. Der innere Mensch kommt schwer von sich selbst los, fragt gerne nur nach sich selbst und übersieht den anderen. Dadurch kommt der Bestand einer Familie oder einer Gruppe von Freunden, auch einer christlichen Gemeinde in Gefahr. Darum finden wir im Neuen Testament die Mahnung zur Liebe. Sie bedeutet für mich, dass ich aus der egoistischen Mitte heraustrete. In der christlichen Liebe geht es um den Bestand der Familie oder der Gemeinde. In der Gemeinde aber geht es um Christus. Schwankende Herzen sind eine Belastung für unser Zusammenleben.

Bleibt fest in der Liebe! Nehmt euch eurer Mitmenschen an, selbst wenn sie euch unsympathisch sind, auch wenn ihr Schlimmes von ihnen gehört habt. Das heißt ja nicht: *Billigt alles, was sie tun oder sagen.* Aber lehnt den Menschen selbst nicht ab! Selbst ein Verbrecher trägt ein menschliches Antlitz. Vergesst nie, dass Jesus Christus auch ein menschliches Antlitz getragen hat. Wir möchten uns gern nur mit den angenehmen Menschen befassen, denen, von denen wir unter Umständen profitieren. Ein gefestigtes Herz aber sieht den Menschen, den Gott lieb hat, und fragt nicht, was er bringt.

„Seid nicht geldgierig, und lasst euch genügen an dem, was da ist."

Mit den Angeboten unserer Medienwelt steigen unsere Bedürfnisse, und das geht ins Geld. Ich weiß von jungen Menschen, die handysüchtig sind, seit sie eins haben. Längst haben sie die

Übersicht verloren. Manche beklauen ihre Eltern, um diverse Rechnungen zu bezahlen. Die Güter dieser Welt sind vergänglich. Gefestigte Herzen sind unabhängig von Besitz. Schwankende Herzen sind dagegen hin- und hergerissen. Sie kommen schwer los vom Geld, vom Geiz. Auch junge Christen sind an dieser Stelle angekränkelt. Von ihrem Taschengeld geben sie keinen Euro für Gott, denken nicht dran, den Zehnten zu geben, wie es nach biblischer Weise üblich wäre.

Lasst euch nicht durch mancherlei und fremde Lehre umtreiben, steht hier. Vielleicht bist du, was fremde Lehren betrifft, nicht bedroht, weil du erkannt hast, dass es nur einen Weg und eine Wahrheit gibt, nämlich Jesus Christus. Dennoch ist dieses Wort aktuell. Es gibt da etwas, was sich gar nicht als konkrete Lehre deklariert: den Geist der Zeit, der uns eine Menge beizubiegen versucht. Im Zeitgeist machen sich geistige Mächte über uns her. Wankelmütige Herzen lassen sich schnell fangen.

Was das Christsein stark macht – Gottes Wort, Gebet, das Bezeugen des Glaubens –, fällt mehr und mehr aus.

Es ist ein köstlich Ding, dass das Herz fest werde.

Ist das nur ein Wunsch, nur ein Seufzer? *Ach, wenn es doch so wäre!*

Gibt es das feste Herz?

Da ist eine Kraft

Warum steigen die Leute so gerne auf einen Windsurfer? Das Ding ist doch so wacklig. Man fällt leicht ins Wasser. Ja, zunächst stimmt das. Aber wenn dir jemand sagt, *wie* du dich hinstellen musst und *wie* du den Gabelbaum halten musst und *wie* du das Segel in die richtige Stellung bringst, dann kannst du etwas Überraschendes erleben: Der Wind greift in das Segel, sobald du es richtig hältst. Es ist fast ein Wunder: Durch den Wind wird die wacklige Angelegenheit plötzlich stark und fest. Das Segel, der Gabelbaum, der Mast, das Brett und du selbst auch, alles wird stabil. Kaum kommt der Wind in das Segel, schon gewinnst du festen Halt und große Fahrt. Durch den Wind verwandelt sich das wacklige Etwas in ein stabiles Gefährt.

Mir ging es auch so: Als ich das Segel richtig hielt, fiel ich nicht mehr ins Wasser, sondern glitt durch glitzernde Wellen, immer weiter, immer weiter. Und die Leute am Ufer, ich merkte richtig, wie die staunten. Seltsam, wie doch der Wind und die richtige Einstellung zu ihm alles verändern!

Aus einer zweifelhaften, wackligen Sache war ein stabiles Fahrzeug geworden, auf dem ich wunderbar, wie von unsichtbarer Hand geschoben, vorankam.

Da ist nämlich eine Kraft! Eine Kraft ist es, die keiner machen kann: *der Wind*. Versuch einmal, bei Flaute Wind zu machen. Da kannst du pusten, wie du willst. Keine Chance. Weht aber der Wind, dann nimmst du Fahrt auf und stehst fest.

Gilt das auch für unser wankelmütiges Herz?

Der Schreiber des Hebräerbriefes kennt die tolle Möglichkeit, durch die unsere Herzen fest werden: *Es geschieht durch Gnade.*

Die Gnade ist wie der Wind, der das Segel ergreift. Das Wanken und Schwanken hört auf. Alles wird fest, und man nimmt Fahrt auf.

Was heißt das in unserem Zusammenhang? Man könnte ja denken: Wenn ich allein auf die Gnade angewiesen bin wie der Segler auf den Wind, dann muss ich eben abwarten, bis die Gnade kommt. Da kann ich gar nichts tun.

Weit gefehlt! Zwischen dem Wind und der Gnade besteht eben doch ein Unterschied. Einmal wollte ich mit dem Windsurfer raus. Aber an diesem Tag war es aussichtslos. Es herrschte Flaute. Da war nichts zu machen. *Flaute* heißt für Segler: Da kannst du nichts machen. Da musst du warten, bis der Wind aufkommt. Bei Flaute kannst du nicht segeln. Und wie ist das mit der Gnade?

Beständige Brise

Gibt es eine Flaute in der Gnade Gottes? Muss ich tatenlos warten, bis Gottes Gnade irgendwann zu wirken anfängt?

Ich habe Großartiges zu vermelden: Es gibt keine Flaute in der Gnade Gottes! Sie ist ein ständiges Ereignis. Dieser Wind hört nie auf, für uns alle zu wehen.

Unser Wort mahnt: „Seid nicht geldgierig, und lasst euch genügen an dem, was da ist." Die Mahnung endet nicht mit einer Drohung („Wehe dir!" oder so). Sie endet mit einer Zusage, die uns an die Kraftquelle verweist: „Denn er hat gesagt: Ich will dich nicht verlassen und nicht von dir weichen."

Wenn Gott sagt: „Ich will dich nicht verlassen und nicht von dir weichen", dann ist eines klar: *Die Gnade Gottes kennt keine Flaute!* Wenn Gott immer für uns da ist, dann gilt das auch für seine Gnade. Sie sind nicht zu trennen.

Es wird noch massiver. Mitten in den Ermahnungen steht dieses herrliche Wort: „Jesus Christus, gestern und heute und derselbe auch in Ewigkeit."

Das heißt: In Jesus Christus ist Gottes Gnade immer da.

Ob du es spürst oder nicht: Wenn du mit Jesus lebst, stehst du unter der Gnade Gottes. Erinnere dich an diesen Satz, wenn du down bist. Und wenn du meinst, dass Gott und die Menschen dich verlassen haben, vergiss nicht: Du bist ein Mensch unter der Gnade Gottes. Darum sind diese Ermahnungen so liebevoll. Hier wird die Kraftfrage geklärt. Uns wird gesagt, aus welcher Kraft das Christenleben gelebt wird. Nicht aus eigener Kraft. *Es geschieht aus Gnade.*

Nutze den Wind!
Die Gnade Gottes verurteilt uns also nicht zur Passivität. Im Gegenteil, wir sollen die Gnade nutzen! – Wie aber nutzt man den Wind der Gnade?
Durch konkreten Gehorsam!

Die einzelnen Punkte, die ich eben nannte, sind Gehorsamspunkte. In diese Reihe stelle jetzt bitte den Punkt, an dem du zum Gehorsam gerufen bist.

Vielleicht musst du darin gehorsam werden, dass du anfängst, deiner Mutter zu Hause zu helfen. *Liebe deinen Nächsten wie dich selbst.* Wer ist dir näher als deine überarbeitete Mutter? Für andere mag gelten, dass sie anfangen – haltet euch fest – um Jesu willen für die Schule fleißig zu arbeiten. Wer mit Lügen aufhört, nutzt den Wind der Gnade. Wer anfängt, seine Augen und Ohren vor manchem Dreck dieser Welt zu schützen, nutzt die Gnade. Wer aufhört, stundenlang vor der Glotze zu sitzen, dafür lieber Zeit opfert vielleicht für alte Menschen, für Kranke, für ausländische Kinder, für Suchtgefährdete, der nutzt die Gnade. Ich kenne auch viele junge Christen, die haben bewusst einen Beruf ergriffen, in dem nicht das Verdienen in der Mitte steht, sondern das Dienen.

Gehorsam muss man oft in kleinen Schritten *üben*. Aber die sind entscheidend. Gehorsam ist die Leidenschaft, die in uns entfacht werden muss. Damit beginnt Erneuerung. *Der Gehorsame richtet das Segel des Glaubens auf.* Dietrich Bonhoeffer hat gesagt: „Nur der Glaubende ist gehorsam. Und: Nur der Gehorsame glaubt."

Der Gehorsame richtet das Segel des Glaubens auf.

Manche klettern auf den Windsurfer des Glaubens und betätigen dann die Segel nicht. Sie werden Christen und leben weiter wie bisher. Da weht die Gnade Gottes, aber sie nutzen sie nicht. Wir dürfen nicht auf unserer Glaubensträgheit sitzen bleiben. Durch den Glauben sind wir nicht aus-, sondern eingeschaltet.

> Es gibt einen Kanon:
> *Gottes sind Wogen und Wind,*
> *Segel aber und Steuer,*
> *dass ihr den Hafen gewinnt,*
> *sind euer.*

Ich übte anfangs in Ufernähe. Eine oder zwei Stunden Surfunterricht. Wichtige Theorie. Aber ich lernte das nur, um für die Praxis gerüstet zu sein. Ich musste doch mit meinem Windsurfer hinein ins Wasser. Ich musste mich aufs Brett stellen und das Segel spannen, musste es dem Wind entgegenhalten. Der Wind hätte noch so herrlich wehen können, ohne aufgerichtetes Segel hätte ich diese Festigkeit, die der Wind gibt, nie erlebt. Ich wäre nie in Fahrt gekommen.

In der Hingabe an die Gnade darfst du dich einüben. Dabei kannst und darfst du auch ins Wasser fallen. Ich bin beim Surfen oft ins Wasser gefallen!

Weißt du, was ich dann gemacht habe? Ich habe nicht lange lamentiert, bin wieder aufs Brett gestiegen. Anfängern macht das Wiederaufsteigen große Mühe. Sie versuchen es aus eigener Kraft. Fortgeschrittene nutzen beim Aufstehen die Kraft des Windes.

Nicht nur beim Surfen, im wirklichen Leben bin ich auch gefallen.

Wenn du in der Nachfolge Jesu fällst, bleib nicht unten. Halte das Segel des Glaubens in Gottes Wind! Der Geist der Gnade ist der Geist der Vergebung. Nimm ihn in Anspruch und segle wieder durch die Gnade und Kraft des Ewigen!

Außerdem vom Autor erhältlich:

Wie ein Spatz im Käfig

Tb., 96 S., 11 x 18 cm
Best.-Nr. 271 356
ISBN 978-3-86353-356-4

Ein Spatz im Käfig geht ein, weil er für die Freiheit geboren wurde. So sind auch wir nicht dazu geschaffen, im (selbstgebauten) Käfig zu hocken. Gott hat uns zu einer lebendigen, frei machenden Beziehung mit ihm geschaffen. Doch viele Menschen haben Vorbehalte und wollen sich weder auf einen Gott einlassen, der Leid zulässt, noch auf ein Christsein, bei dem sie vermeintlich alle menschlichen Freiheiten aufgeben müssten. Klaus Eickhoff zeigt in diesem unterhaltsamen Buch, worum es in der Beziehung zu Gott wirklich geht.

Mach mal Pause!

Tb., 80 S., 11 x 18 cm
Best.-Nr. 271 198
ISBN 978-3-86353-198-0

Wir werden mit Informationen zugeschüttet, aber was davon ist wirklich wichtig? Wir definieren uns über Leistung oder Spaß, aber was ist der Sinn unseres Lebens? Klaus Eickhoff lädt dazu ein, innezuhalten und aus dem Gedankenkarussell des Alltags auszusteigen. Nachzudenken darüber, was im Leben wirklich wichtig ist.

Philip Nunn
Meinst du noch oder glaubst du schon?
Gute Gründe für deinen Glauben

Tb., 160 S., 11 x 18 cm,
Best.-Nr. 271 351
ISBN 978-3-86353-351-9

In diesem Buch geht Philip Nunn auf die Grundlagen unseres Glaubens ein und hinterfragt, ob das Christentum überhaupt Sinn macht. Er beschäftigt sich mit alternativen Theorien zur Schöpfung und dem Begriff der Wahrheit. Dabei beantwortet er Fragen wie: Wie sicher können wir uns sein? Warum ist Wahrheit wichtig? Gibt es keine anderen Wege zu Gott als Jesus? Er untersucht kritische Argumente gegen den christlichen Glauben und zeigt, weshalb diese nicht tragfähig sind.